ROLF POTTS

VAGABONDING

L'arte di girare il mondo

PONTE ALLE GRAZIE

Titolo originale:
Vagabonding
Traduzione di Stefano Beretta

(Tutte le citazioni di Walt Whitman sono tratte da *Foglie d'erba*, edizione integrale, versioni di Enzo Giachino, Einaudi, 1973)

Ponte alle Grazie è un marchio
di Adriano Salani Editore s.u.r.l.

Prima edizione: giugno 2003
Nuova edizione aggiornata: febbraio 2019

© 2003 Rolf Potts
© 2008 Adriano Salani Editore s.u.r.l. - Milano
ISBN 978-88-3331-130-2

A due maestri:

George D. Potts,
naturalista delle praterie
e sognatore straordinario

E in memoria di

John Fredin,
mentore e amico
(1930-2000)

Tu, aria, che mi fornisci il fiato con cui parlare!
Voi, oggetti, che dalla dispersione evocate i miei sensi e date loro forma!
Tu, luce, che avvolgi me e ogni cosa nelle delicate tue piogge imparziali!
Voi sentieri tracciati in solchi irregolari lungo le strade!
Credo che siate gremiti d'invisibili esistenze, tanto mi siete cari.

      Walt Whitman, *Canto della strada*

Vagabonding – s. (1) L'azione di lasciarsi alle spalle il mondo ordinato e viaggiare in modo indipendente per un lungo periodo di tempo. (2) Un modo di viaggiare rilevante per ogni individuo che pone l'enfasi sulla creatività, l'avventura, la consapevolezza, la semplicità, la scoperta, l'indipendenza, il realismo, l'autonomia e la crescita spirituale. (3) Una scelta consapevole di vita che rende possibile la libertà di viaggio.

PREFAZIONE

Come usare questo libro

Numerosi sono i libri utili a programmare un viaggio all'estero, ma quello che avete tra le mani vi insegnerà invece a viaggiare per il resto della vita, offrendovi un'etica semplice e consolidata nel tempo. Ci sono libri che contengono informazioni enciclopediche e, spesso, ridondanti, tanto da creare l'illusione che il modo migliore di pianificare un lungo viaggio sia organizzarlo fino nei minimi dettagli. Questo libro vi fornirà solo i consigli di cui avrete bisogno per prepararvi – e abituarvi – alla strada e vi stimolerà ad arricchire i vostri viaggi con l'intenso piacere dell'incertezza. E se certi manuali diventano obsoleti dopo una lettura, questo vi offrirà nuove prospettive e nuovi spunti con il crescere della vostra esperienza di viaggiatori.

In questo libro il viaggio di lunga durata non è considerato una fuga, bensì un'avventura e una passione: è il modo per vincere le proprie paure e vivere appieno la vita. Leggendo, scoprirete come arricchirvi (di tempo trascorso viaggiando) in una maniera semplice ma intensa. Imparerete come scoprire e affrontare nuove esperienze e avventure lungo la strada, ma, soprattutto, imparerete a viaggiare per il mondo alle vostre condizioni, vincendo i miti e le pretese che minacciano di impoverire la vostra esperienza.

Se vi è capitato di sentire l'urgenza di viaggiare per lunghi periodi, ma non sapete come trovare il tempo e la libertà per farlo, allora questo libro è per voi. Se avete già viaggiato, ma avete avvertito che alla vostra esperienza mancava qualcosa di vitale, questo libro è ancora per voi.

Questo libro non è destinato agli spericolati e agli irresponsabili, ma a chiunque voglia compiere una scelta insolita che gli permetta di trascorrere settimane e mesi in giro per il mondo, vivendo gli imprevisti e risparmiando denaro man mano che il viaggio procede.

Se tutto ciò vi sembra accattivante, allora continuate a leggere...

INTRODUZIONE

Come conquistare e influenzare voi stessi

> Tutto ciò che contrassegno
> come mio tu devi controbilanciarlo
> con ciò che è tuo
> Altrimenti prestarmi ascolto sarebbe
> tempo perduto.
> Walt Whitman, *Il canto di me stesso*

Non molto tempo fa, mentre a bordo di un battello postale scendevo il fiume Irrawaddy, in Birmania, rimasi senza niente da leggere. Quando il battello attraccò in una cittadina chiamata Pyay, mi precipitai sulla terraferma e comprai l'unico libro in inglese che riuscii a scovare: una copia malandata del manuale di Dale Carnegie, *Come conquistare gli amici e influenzare la gente*, che mi misi a leggere mentre proseguivamo per Rangoon.

Chissà come, ma in tutta la mia vita non avevo mai letto un manuale di autoaiuto. I consigli di Carnegie si rivelarono un miscuglio affascinante di buonsenso («sii bravo ad ascoltare»), di suggerimenti («mostra rispetto per le opinioni altrui») e di concetti antiquati («non dimenticare che le donne hanno un interesse profondo per i vestiti»). Dopo aver letto tutto il libro durante la navigazione, arrivato a Rangoon lo regalai e, per un po', me ne dimenticai.

Circa un mese dopo mi chiesero di scrivere un libro

sullo stile di vita e sull'arte del viaggio a lungo termine e poiché quest'etica del vagabondaggio l'avevo sostenuta in primo luogo nei racconti che avevo scritto per *Salon.com*, pensai che forse avrei dovuto compiere qualche ricerca sulla struttura e la forma dei manuali. Così, mentre tentavo di recuperare una copia di *Come conquistare gli amici e influenzare la gente,* scoprii che il mercato dei manuali di consigli e suggerimenti era cambiato molto dai tempi di Carnegie. A quanto pare, oggi ce n'è uno per quasi tutte le attività umane, per quasi tutti i desideri e per quasi tutte le persone. Soltanto la serie di *Brodo caldo per l'anima* occupa in libreria quasi interamente il settore riservato a questo genere.

Aggirandomi tra gli scaffali, esterrefatto da questa gran varietà, cominciai a immaginarmi un impero editoriale dedicato al vagabonding: non soltanto *Vagabonding*, ma anche *Vagabonding per giovani*, *Vagabonding per single*, *Vagabonding per giocatori di golf*, *Vagabonding per il guardaroba*, *La dieta per dieci settimane di vagabonding*, *Un Natale di vagabonding*, *Il primo vagabonding per bambini*, *101 deliziose ricette di vagabonding*, *Tutto ciò che volevo veramente sapere l'ho imparato con il vagabonding*, e via discorrendo...

Alla fine uscii dalla libreria senza aver comprato nemmeno un volume, ma con la ferma decisione di scrivere il mio libro nell'unico modo che conoscevo: basandomi sull'esperienza, dando retta alla mia passione e confidando nel buonsenso.

Se talvolta questo libro sembra poco ortodosso, be', è perché anche il vagabonding non è ortodosso.

Per quanto riguarda la parola «vagabonding», pensavo di averla inventata io nel 1998, quando per la prima volta aggiunsi una rubrica di viaggi e avventura su *Salon.com*. Allora mi serviva un termine che spiegasse succintamente quello che facevo: mollare un mondo dove tutto era organizzato e viaggiare al risparmio per lunghi periodi. *Backpacking* mi sembrava una descrizione troppo vaga, *globetrotting* suonava pretenzioso mentre *touring* era un po' insipido. Di conseguenza aggiunsi una coda scherzosa alla parola «vagabondo», il vecchio nome del viandante senza fissa dimora, e ne uscì «vagabonding».

Mi ero quasi convinto d'aver creato un nuovo termine per un certo stile di viaggio quando, sugli scaffali di una libreria dell'usato a Tel Aviv, trovai un tascabile sgualcito intitolato *Vagabonding in Europe and North Africa*. Scritto da un americano di nome Ed Buryn, il libro non soltanto era stato pubblicato prima che la mia rubrica di viaggi sbarcasse su Internet, ma addirittura prima che io nascessi. Nonostante il linguaggio, che di tanto in tanto risentiva del periodo hippie («evitate le agenzie di viaggio come se fossero una centrale di polizia e andate da soli alla scoperta del mondo»), mi sembrò che fosse un'ottima raccolta di consigli, con una prospettiva equilibrata e intelligente sull'abc e sulla filosofia del viaggio indipendente. Di conseguenza, imbattermi nel manuale di Ed Buryn non fu tanto scoraggiante quanto liberatorio, perché mi fece capire che l'atto di vagabondare non era una moda isolata, bensì – per copiare una frase di Greil Marcus – «un legame ineffabile tra persone che sono rimaste a lungo separate dal tempo e dallo spazio, ma che in qualche modo parlano la stessa lingua».

Da allora ho trovato altri riferimenti al termine *vagabonding*, a partire dal 1871 (nel libro di Mark Twain, *In cerca di guai*), senza però trovarlo in nessun dizionario. In un certo senso è una parola assurda, modificata scherzosamente per descrivere un fenomeno di viaggio che esisteva già ai tempi di Walt Whitman, quando scriveva: «E io o tu, senza dieci centesimi in tasca, possiamo acquistare i più preziosi frutti della terra». Perciò una parte di me vuole che il concetto di vagabonding rimanga radicato nell'assurdo: indeterminato, vagamente sfuggevole e aperto alle interpretazioni come lo è l'esperienza stessa del viaggiare.

Così, mentre vi accingete a leggere questo libro, tenete bene in mente quello che diceva il maestro di arti marziali Bruce Lee: «Vivete le vostre esperienze per amore della verità... Assorbite ciò che è utile... Aggiungetevi ciò che è specificamente vostro... L'individuo creatore è più di qualsiasi stile o sistema».

Quando si è in viaggio, vale lo stesso discorso.

Parte prima

VAGABONDING

1

Dichiarate la vostra indipendenza

> A partire da quest'ora mi ordino libero
> di limiti e linee immaginarie,
> Vado ove voglio, totale e assoluto
> signore di me,
> Do ascolto agli altri, considerando bene
> quello che dicono,
> M'arresto, ricerco, ricevo, contemplo,
> Dolcemente, ma con volontà
> incoercibile, mi svincolo dalle remore
> che trattenermi vorrebbero.
> WALT WHITMAN, *Canto della strada*

Di tutte le battute stravaganti che si sentono nei film, ce n'è una che per me spicca sulle altre. Non viene da una commedia indiavolata, da un film di fantascienza o da un thriller pieno di effetti speciali, bensì da *Wall Street*, di Oliver Stone. Qui, il personaggio interpretato da Charlie Sheen – un futuro pezzo grosso della Borsa – racconta i suoi sogni alla sua ragazza e dice: «Se riesco a farmi un gruzzolo prima dei trenta esco da questo racket e mi sparo in moto Cina e dintorni».

Quando qualche anno fa vidi per la prima volta questa scena, mi caddero le braccia: se Charlie Sheen o chiunque altro lavorasse per otto mesi *pulendo i cessi* avrebbe abbastanza denaro per attraversare la Cina in moto e, nel caso in cui non possedesse una moto, altri due mesi di ramazza gli permetterebbero di comprarsela una volta in Cina.

La cosa curiosa, però, è che probabilmente la maggior parte degli spettatori non trova strana la scena di questo film. Per qualche ragione, consideriamo i viaggi di lunga durata in paesi lontani come un sogno ricorrente o una tentazione esotica, e non come qualcosa di immediatamente realizzabile. Invece, per il nostro debito folle nei confronti della paura, delle mode o delle rate mensili da pagare per cose di cui non abbiamo un reale bisogno, limitiamo i nostri viaggi a brevi sfoghi frenetici e così, sprecando le nostre ricchezze per l'astratto concetto di «stile di vita», il viaggio diventa semplicemente un altro accessorio, un'esperienza smussata e incapsulata che acquistiamo al pari del vestiario e dell'arredamento.

Non molto tempo fa lessi che nel 2000 le agenzie di viaggio avevano prenotato e venduto quasi duecentocinquantamila vacanze di breve durata in monasteri e conventi: dalla Grecia al Tibet, le isole della spiritualità si stavano trasformando in mete turistiche di grande richiamo e gli esperti del viaggio spiegavano questo boom con il fatto che «le vittime del superlavoro sono alla ricerca di una vita più semplice».

Ciò che nessuno si è preoccupato di sottolineare è che, naturalmente, comprare una vacanza organizzata per cercare una vita più semplice è un po' come usare uno specchio per vedere che faccia abbiamo quando non ci stiamo guardando allo specchio. In vendita è soltanto il *concetto romantico* di una vita più semplice e, proprio come chi girando disperatamente la testa o muovendo rapidamente gli occhi non riesce comunque a cogliersi di sorpresa in uno specchio, nessuna vacanza di una settimana o di dieci giorni vi distoglierà dalla vita che conducete a casa vostra.

Negli ultimi tempi, questo matrimonio indiscriminato tra tempo e denaro ci sta paralizzando in una struttura coercitiva. Quanto più monetarizziamo le nostre esperienze, tanto più pensiamo che il denaro sia ciò che ci occorre per vivere. E quanto più leghiamo il denaro alla vita, tanto più ci convinciamo che siamo troppo poveri per permetterci la libertà. Con questo tipo di idee in testa, non c'è da stupirsi che i lunghi viaggi intercontinentali siano considerati una prerogativa esclusiva di studenti, alternativi che vivono al margine della società e ricchi sfaccendati.

In realtà, il viaggio di lunga durata non ha nulla a che fare con caratteristiche demografiche come l'età, l'ideologia o il reddito, ma dipende interamente dalle prospettive personali. Questo tipo di viaggio non è appannaggio degli studenti universitari, ma di chi ama studiare la vita quotidiana; non è un atto di ribellione nei confronti della società, ma è un atto di buonsenso all'interno della società. E, soprattutto, non richiede un «mucchio di soldi», ma soltanto che attraversiamo il mondo in maniera più consapevole. Questo modo di viaggiare per il mondo è sempre stato intrinseco a quella tradizione consolidata nel tempo, e tranquillamente alla portata di tutti, nota come «vagabonding».

Il vagabonding è prendersi un lungo periodo di tempo libero dalla vita normale – sei settimane, quattro mesi, due anni – e viaggiare per il mondo alle proprie condizioni.

Ma oltre al viaggio, il vagabonding è un modo di vedere la vita e sfruttare le molte possibilità offerte dall'informatica per accrescere le proprie alternative personali e non le cose che si possiedono. Il vagabonding mira alla ricerca dell'avventura nella vita normale e della vita normale nell'avventura. È un atteggiamento, un interesse amichevole verso la gente, i luoghi e le cose, che fa di una persona un esploratore nel senso più vero e più pieno del termine.

Il vagabonding non è né uno stile di vita, né una moda, ma è soltanto una maniera insolita di guardare alla vita, un adattamento di valori a cui segue l'azione. E, più di ogni altra cosa, il vagabonding ha a che fare con il tempo, il nostro unico bene, e con il modo in cui decidiamo di impiegarlo.

John Muir, fondatore del Sierra Club e vagabondo di prima categoria, si stupiva nel vedere i viaggiatori benestanti che andavano nel parco nazionale di Yosemite e fuggivano dopo averlo visitato per un paio d'ore. Muir li chiamava «i poveri di tempo», persone così ossessionate dalla cura delle ricchezze materiali e della posizione sociale da non trovare il tempo per vivere appieno lo splendore del deserto della Sierra Nevada in California. Tra coloro che nell'estate del 1871 visitarono Yosemite vi fu Ralph Waldo Emerson che, alla vista delle sequoie, proclamò: «C'è da meravigliarsi che qualcuno veda questi alberi e non si meravigli!». Però, qualche ora dopo anche Emerson se ne andò in fretta, tanto che Muir si domandò con irritazione se il grande filosofo della natura avesse veramente visto quegli alberi.

Quasi un secolo dopo, il naturalista Edwin Way Teale usò l'esempio di Muir per criticare la frenesia della società moderna: «La libertà, come la intendeva John Muir – scrisse nel suo libro del 1956 *Autumn Across America* – con la sua ricchezza di tempo, le sue giornate non irreggimentate, la sua ampiezza di scelte... una simile libertà sembra sempre più rara, più difficile da raggiungere, più remota per ogni nuova generazione».

Ma il lamento di Teale per il deteriorarsi della libertà personale era, nel 1956, una vuota generalizzazione come lo è oggi. Come John Muir ben sapeva, il vagabonding non è mai stato regolato dalla volubile idea dominante degli stili di vita, poiché è sempre stato una scelta privata all'interno di una società che ci spinge incessantemente a fare tutt'altro.

Questo libro spiega come tradurre questa scelta in realtà.

Parte seconda
INCOMINCIARE

2

Guadagnatevi la libertà

> Se avete costruito castelli in aria,
> il vostro lavoro non sarà sprecato:
> è quello il posto in cui devono stare.
> E adesso metteteci sotto delle
> fondamenta.
> HENRY DAVID THOREAU, *Walden*

C'è una storia proveniente dalla tradizione dei Padri del Deserto, un ordine di monaci cristiani che, circa millesettecento anni fa, viveva nei deserti egiziani. In questo racconto, una coppia di monaci, Teodoro e Lucio, sentiva il desiderio acuto di mettersi in cammino per vedere il mondo. Tuttavia, avendo fatto voto di contemplazione, non ne avevano il permesso. Così, per placare il loro vivo desiderio di viaggiare, Teodoro e Lucio impararono a «farsi beffe delle loro tentazioni», relegando i loro viaggi nel futuro. Giunta l'estate, si dicevano: «Partiremo in inverno». Giunto l'inverno, dicevano: «Partiremo in estate». E così continuarono per più di cinquant'anni, senza mai abbandonare il monastero e senza mai rompere i loro voti.

Naturalmente la maggior parte di noi non ha mai preso i voti, eppure scegliamo di vivere ugualmente come questi monaci, ancorandoci a una casa o a una carriera e usando il futuro come una specie di finto rituale che giustifica il presente, finendo così per sprecare – come ha sostenuto Thoreau – «la parte migliore della vita a far soldi per poter godere di una dubbia libertà nella parte meno preziosa della vita stessa». Ci diciamo che vorremmo mollare tutto ed esplorare il mondo attorno a noi, ma il momento adatto sembra non arrivare mai. Così, pur avendo a disposizione un numero sconfinato di possibilità, non ne scegliamo nessuna. Ci adagiamo nella nostra esistenza e ci aggrappiamo in modo ossessivo alle nostre certezze domestiche, dimenticandoci perché le avevamo volute.

Il vagabonding insegna invece a mollare la presa sulle cosiddette certezze di questo mondo e a non confinare il viaggio in un periodo della nostra vita lontano e apparentemente più adatto. Con il vagabonding assumiamo il controllo delle circostanze invece di aspettare che siano loro a decidere del nostro destino.

Perciò il problema di come e quando iniziare a vagabondare non è affatto un problema. Si incomincia adesso. Anche se la realtà pratica del viaggio è ancora distante mesi e anni, il vagabonding comincia nel momento in cui smettete di trovare delle scuse, iniziate a mettere da parte il denaro e a guardare le cartine emozionati per le opportunità che vi si offrono.

> Se ci muoviamo con fiducia in direzione dei nostri sogni e ci sforziamo di vivere la vita che abbiamo immaginato, incontreremo un successo inaspettato nelle ore comuni. Ci lasceremo certe cose alle spalle, supereremo un confine invisibile: intorno a noi e dentro di noi cominceranno a sorgere leggi nuove, universali e più liberali.
>
> HENRY DAVID THOREAU, WALDEN

Da qui, mettete a fuoco la realtà del vagabonding adattando il vostro sguardo sul mondo e cominciate ad abbracciare l'incertezza galvanizzante che caratterizza il vero viaggiare.

In questo modo il vagabonding non è soltanto un rituale che include vaccinazioni e valigie da fare, ma è piuttosto la pratica costante della ricerca e dell'apprendimento, dell'affrontare paure e modificare abitudini, del coltivare un nuovo incanto per popoli e luoghi. Questo atteggiamento non lo ritirate in aeroporto al bancone del check-in, insieme con la carta d'imbarco, ma è un processo che comincia a casa vostra, quando per la prima volta saggiate le acque che vi trasporteranno in posti nuovi e meravigliosi.

È persino possibile che durante questo processo scopriate che non siete tagliati per le incertezze e gli adattamenti richiesti dal vagabonding. «Il vagabonding – affermò anni fa Ed Buryn senza mezzi termini – non è per i pantofolai, per i misantropi saccenti o per gli smidollati da piscina, le cui esili convinzioni non resisterebbero ai problemi che si presentano di volta in volta». Con queste parole Buryn non intendeva fare lo snob. In fondo è vero: il vagabonding richiede sacrifici particolari che non sono alla portata di tutti.

È quindi importante ricordare che non bisogna lanciarsi in questa impresa per un vago desiderio di essere alla moda o perché vi sentite obbligati. Il vagabonding non è né un atteggiamento sociale né un ambito morale. Non è nemmeno un decalogo che vi dice come viaggiare correttamente o una dichiarazione politica con l'obiettivo di rifondare la società. È invece un atto personale che ha come unico obiettivo il riallineamento di se stessi.

Se questo riallineamento personale non è ciò che volete affrontare o se, ovviamente, viaggiare per il mondo non corrisponde alla vostra idea di svago, avete tutto il diritto di lasciare il vagabonding a chi ne sente la vocazione.

La miglior cartina di tornasole per misurare la vostra intraprendenza non è nel viaggio in sé, ma nel modo in cui vi conquistate la libertà di viaggiare. Conquistarsi la libertà riguarda ovviamente il lavoro, che è un elemento intrinseco al vagabonding, per ragioni sia psicologiche sia finanziarie.

Per constatare l'importanza psicologica del lavoro è sufficiente osservare coloro che viaggiano per il mondo con il denaro di famiglia. Questi individui sono tra i viaggiatori più visibili e meno felici: si agghindano con i costumi locali, schizzano da un palcoscenico esotico all'altro, si offrono in maniera quasi ossessiva come volontari nelle cause politiche locali, provano droghe nuove e sguazzano in ogni religione possibile e immaginabile, purché non sia occidentale. Parlate con loro e vi diranno che sono alla ricerca di un «significato».

> E in verità dicono che l'uomo è fatto di desiderio. E come è il suo desiderio, così è la sua fede. E come è la sua fede, così sono le sue opere. E come sono le sue opere, così egli diviene.
>
> L'INSEGNAMENTO SUPREMO DELLE *UPANISHAD*

Quello che in realtà stanno cercando è innanzitutto la ragione per la quale hanno cominciato a viaggiare. Poiché non hanno mai dovuto lavorare per ottenere la libertà, le loro esperienze di viaggio non hanno riferimenti personali, non hanno legami con il resto della loro vita. Spendono grandi quantità di tempo e denaro in cammino, ma non hanno mai speso granché di se stessi e così la loro esperienza ha un valore ridotto.

In *Walden* Thoreau esprime lo stesso concetto: «Chi fa più progressi alla fine di un mese, il ragazzo che si è fabbricato da solo il suo coltello usando il metallo che ha estratto e fuso, leggendo tutto quello che gli serviva allo scopo... o il ragazzo che ha ricevuto in dono da suo padre un coltello multiuso Rodgers? Chi, con grande probabilità, si taglierà per primo le dita?»

Può sembrare deprimente la necessità che la libertà sia legata al lavoro, ma non è così, perché nonostante tutte le straordinarie esperienze che vi attendono in terre lontane la parte «significativa» del viaggio comincia sempre a casa, con un investimento personale nelle meraviglie a venire.

«Non mi piace lavorare – dice Marlow in *Cuore di tenebra* di Joseph Conrad –, ma mi piace ciò che c'è nel lavoro: l'occasione di trovare se stessi». Marlow non si riferiva al vagabonding, ma questo concetto è comunque valido. Il lavoro, infatti, non è soltanto un'attività utile a produrre fondi e a creare desideri, ma è anche il periodo di gestazione del vagabonding, durante il quale conquistate la vostra integrità, cominciate a fare progetti e mettete insieme il vostro pezzo forte. Il lavoro è il periodo durante il quale sognate di viaggiare e prendete appunti, ma è anche il periodo in cui raccogliete i fili sparsi. Il lavoro è affrontare i problemi da cui altrimenti sareste tentati di fuggire. Infine è il modo per saldare i vostri debiti finanziari *ed* emotivi, affinché il viaggio non diventi una fuga dalla vita reale, bensì una sua *scoperta*.

> Viaggiare riflette l'atteggiamento positivo di chi vuole vedere, accrescere le proprie esperienze e forse diventare un essere umano più completo. Con il vagabonding si compie un passo ulteriore, perché esso favorisce le possibilità di sostenere e rafforzare questo atteggiamento positivo. Da «vagabondi» si cominciano ad affrontare i propri timori subito, invece di aggirarli continuamente nel nome delle convenienze. Si matura un atteggiamento che rende la vita più soddisfacente e, nello stesso tempo, diventa più facile continuare così. Si chiama «feedback positivo» e funziona.
>
> ED BURYN, *VAGABONDING IN EUROPE AND NORTH AFRICA*

Su un piano pratico, ci sono infiniti modi di risparmiare in vista di un viaggio. Per strada ho incontrato «vagabondi» di ogni età, di ogni retroterra culturale e di ogni livello sociale. Ho incontrato segretarie, bancari e poliziotti che hanno abbandonato le loro professioni e si sono presi una pausa peripatetica prima di iniziare qualcosa di nuovo. Ho incontrato avvocati, agenti di cambio e assistenti sociali che hanno contrattato mesi di aspettativa prima di trasferirsi in nuove località e proseguire la loro carriera. Ho incontrato ogni tipo di persone di talento – camerieri, web designer, spogliarellisti – che hanno capito di potersi finanziare mesi di viaggio con qualche settimana di lavoro. Ho conosciuto musicisti, camionisti e consulenti che si sono presi lunghi periodi di pausa tra un incarico e l'altro. Ho conosciuto soldati, ingegneri, uomini d'affari parzialmente a riposo che hanno destinato un anno o due ai viaggi prima d'immergersi in qualcosa di completamente diverso. Alcuni dei «vagabondi» più fantasiosi in cui mi sono imbattuto erano lavoratori stagionali – falegnami, addetti ai parcheggi, pescatori – che ogni anno svernavano in luoghi caldi ed esotici di tutto il mondo. Altri – insegnanti, medici, baristi, giornalisti – hanno preferito trasferire le loro professioni sulla strada, alternando lavoro e viaggio a seconda delle occasioni.

Molti «vagabondi» non hanno nemmeno un impiego fisso e si limitano a svolgere lavori a breve termine che permettono loro di finanziarsi viaggi e passioni. In *Generazione X* Douglas Coupland ha definito «antisabbatico» questo tipo di lavoro – un impegno affrontato «con l'unica intenzione di rimanerci per un periodo di tempo limitato (spesso un anno)... giusto per raccogliere i fondi necessari a svolgere un'altra attività più soddisfacente da un punto di vista personale». Prima di cominciare a scrivere, io stesso mi sono pagato i viaggi con tutta una serie di lavori antisabbatici: giardinaggio, vendite al dettaglio, lavori interinali.

Tuttavia, di tutti i lavori antisabbatici con cui ho finanziato il mio vagabondaggio, l'esperienza più intensa è stata quella di insegnare inglese per due anni a Pusan, nella Corea del Sud. Oltre ad apprendere, grazie al lavoro svolto, un'enormità di cose sulle abitudini sociali in Asia, ho scoperto che il semplice fatto di *andare al lavoro a piedi* serviva di per sé a mettere in atto una serie di possibilità. Nella stessa giornata potevo essere salutato sia da un monaco buddhista che indossava un paio di Air Jordans, sia da una signora in tenuta da hostess che distribuiva carta igienica a scopo promozionale. Alla fine smisi di notare dettagli come i bambini che gridavano «Hello!», vecchi che orinavano in pubblico e gli altoparlanti dei camion di verdura che diffondevano *Edelweiss* a tutto volume. Dopo due anni di quel lavoro, mi ritrovai davvero a combattere la noia mentre intonavo *California dreaming* con i miei studenti lavoratori e con un gruppo di cameriere diciassettenni in minigonna, in un bar con il karaoke. E, come se non bastasse, la paga non era niente male.

In qualunque modo decidiate di finanziarvi la libertà di viaggiare, non dimenticate che il lavoro è una parte importante del vostro viaggio. Anche se il lavoro sabbatico che state svolgendo non è la vostra vocazione, affrontatelo con fiducia, consapevolezza e parsimonia. Fu così che, allo stagno

> La possibilità di fuggire ci è indispensabile tanto quanto la speranza: senza di essa, la vita nelle città porterebbe tutti gli uomini al crimine, alla droga o alla psicoanalisi.
>
> EDWARD ABBEY, *DESERTO SOLITARIO*

di Walden, Thoreau riuscì a sostenere tutte le spese vive: lavorando soltanto sei settimane all'anno. Nel nostro caso, è probabile che dobbiate investire un po' più di tempo per raggranellare i fondi necessari.

Indipendentemente dal tempo che impiegherete a

guadagnarvi la libertà, ricordatevi che state sgobbando per qualcosa di più di una vacanza. In fin dei conti, una vacanza è un premio per il lavoro svolto, mentre il vagabonding ne è la giustificazione.

In ultima analisi, il primo passo verso il vagabonding consiste semplicemente nel porre il lavoro al servizio dei vostri interessi e non viceversa. Che lo crediate o no, qui ci allontaniamo radicalmente dal modo in cui la maggior parte della gente considera lavoro e piacere.

Qualche anno fa, il caporedattore di *Escape*, Joe Robinson, lanciò una petizione che chiamò *Work to Live*, «Lavorare per vivere». Lo scopo di questo movimento era di far approvare una legge che portasse negli Stati Uniti le ferie a tre settimane dopo un anno di lavoro e a quattro dopo tre anni. La ragione fondamentale era che gli americani danno troppa importanza al lavoro, poiché, infatti, giorno dopo giorno li attende soltanto un lungo tunnel di undici mesi e mezzo di lavoro ogni anno. «La prima vittima di questo sistema è il nostro tempo – disse Robinson – quel bene che ci sembrava di avere in abbondanza quando andavamo a scuola e le lancette dell'orologio sembravano non muoversi mai».

La campagna di Robinson era meritoria e incontrò il favore dei lavoratori, e una discreta avversione da parte delle aziende. In mezzo a tutta questa pubblicità, tuttavia, io mi stupii che nessuno fosse abbastanza sovversivo da sottolineare un aspetto evidente: in quanto cittadini di una democrazia ricca e stabile, ciascuno di noi ha il potere di crearsi il proprio tempo libero, al di là delle politiche del settore privato. In effetti, se sembra che le lancette si muovano più rapidamente di un tempo è solo perché, da adulti, non siamo stati capaci di aggiornare il nostro potere e di stabilire da soli il nostro «piano ferie».

Per riuscirci, anche solo per qualche settimana o qualche mese, basta che facciamo un uso strategico di una tecnica di libertà personale consolidata nel tempo e che, popolarmente, è conosciuta come «mollare tutto». Nonostante le sue connotazioni peggiorative, non è detto che sia una scelta avventata. Molte persone sono capaci di trovare il tempo per il vagabonding attraverso un modo «costruttivo» di mollare tutto, cioè contrattando con i loro datori di lavoro periodi di aspettativa o permessi a lungo termine.

Ma persino lasciare il proprio impiego in maniera permanente non dev'essere per forza un'azione negativa, soprattutto in un'epoca in cui il lavoro è caratterizzato da una sempre maggiore specializzazione e frammentazione dei compiti. Se un secolo fa lavorare con l'intenzione poi di smettere sarebbe stato un atteggiamento avventato, oggi sta diventando sempre più un atteggiamento di buonsenso, in un'epoca di competenze dislocabili e di opzioni lavorative diversificate. Tenendo bene a mente tutto ciò, non dovrete preoccuparvi che i lunghi periodi di viaggio lascino un «vuoto» nel vostro curriculum vitae, ma al contrario, quando ritornerete, *dovreste inserire tra le vostre esperienze il vagabonding*

> Molti di noi hanno aspirato per la prima volta a viaggiare in terre lontane e ad avere avventure esotiche quando erano adolescenti. Infatti, queste ambizioni sono per loro natura adolescenziali – un'idea che io ho sempre considerato illuminante... Perciò, quando ci abbandoniamo come un tempo a queste fantasie, ci accorgiamo con un'improvvisa e discordante chiarezza che se non partiamo subito non lo faremo mai più e saremo ossessionati dai nostri sogni irrealizzati. Sapremo allora di aver peccato gravemente contro noi stessi.
>
> TIM CAHILL, *EXOTIC PLACES MADE ME DO IT*

con entusiasmo e senza bisogno di giustificarvi. Indicate le capacità che avete acquisito durante il viaggio e che torneranno utili nella vostra professione: indipendenza, flessibilità, capacità di negoziare e di pianificare, spirito d'iniziativa, autosufficienza, capacità di improvvisare. Parlate con fiducia e con franchezza delle vostre esperienze di viaggio: è molto probabile che susciterete interesse (e magari anche un po' d'invidia).

Come ha fatto notare Pico Iyer, il fatto di mollare tutto «non significa rinunciare, ma andare avanti; cambiare direzione non perché qualcosa non va d'accordo con voi, bensì perché voi non andate d'accordo con qualcosa. In altre parole, non è una protesta, ma una scelta positiva, e non è una stasi nel percorso di un individuo, bensì un passo in una direzione migliore. Mollare qualcosa, che sia un lavoro o un'abitudine, significa svoltare e accertarsi di essere ancora in cammino verso i propri sogni».

> E così mi ritrovo tra di voi a offrirvi un piccolo messaggio di speranza, perché c'è sempre gente che osa cercare ai margini della società e non dipende dall'accettazione sociale o dalle abitudini sociali, ma preferisce una specie di esistenza che fluttua liberamente.
>
> THOMAS MERTON, *Diario asiatico*

Perciò non lasciate mai un lavoro per dedicarvi al vagabonding solo perché volete liberarvi di qualcosa di sgradevole, ma considerate questa decisione come un modo per iniziare qualcosa di nuovo e meraviglioso.

INDICAZIONI E PROPOSTE

CERCARE LAVORO ALL'ESTERO

Un metodo fantastico per guadagnarsi il denaro con cui viaggiare è cercare lavoro all'estero. In questo modo non soltanto vi finanzierete i viaggi, ma apprenderete anche intuitivamente come comportarvi e reagire nell'ambito di culture straniere. Vivamente raccomandato come modo per stimolare e ispirare la vostra carriera di «vagabondi».

Transitions Abroad
www.transitionsabroad.com
Nata come 'rivista dei viaggiatori' cartacea più di trent'anni fa, è diventata un sito di riferimento di annunci e consigli anche per trasferirsi all'estero.

GoAbroad
https://www.goabroad.com
Il sito in lingua inglese per chi vuole organizzare un periodo di studio o lavoro all'estero: borse, stage e una sezione di annunci di lavoro.

Inter Exchange
https://www.interexchange.org
In lingua inglese, per viaggiare, cambiare paese, carriera lavorativa... organizzato per 'obiettivi', ricco di informazioni.

Greenheart Travel
https://greenhearttravel.org
Il motto del sito è 'Travel for a Change', per ragazzi e per adulti, orientato al pubblico anglofono con una sensibilità ambientalista.

Easy Expat
http://www.easyexpat.com
Portale internazionale con una localizzazione in lingua italiana, vuole essere la porta d'accesso della comunità degli espatriati.

Nomadi Digitali
http://www.nomadidigitali.it
'Quelli che girano il mondo lavorando ovunque grazie ad internet', un sito con mille idee e storie per girare il mondo e mantenersi.

Scambi Europei
www.scambieuropei.info
Portale dedicato alla mobilità giovanile italiana, prevalentemente in Europa (e USA) per lavoro, studio, volontariato.

Info Jobs
www.infojobs.it
Portale di annunci di lavoro italiano, ha sedi in Spagna, Italia e Brasile ma raccoglie annunci da molteplici paesi.

PERICOLI IN TERRA STRANIERA

Uno degli argomenti più discussi tra i potenziali «vagabondi» è se sia ancora sicuro intraprendere viaggi in paesi esotici. In realtà, viaggiare per il mondo non è più pericoloso che viaggiare nel proprio paese. Infatti, come in quest'ultimo caso, la maggior parte dei pericoli e delle seccature che s'incontrano in viaggio derivano da malattie, furti o incidenti (vedi il settimo capitolo), e non dalla violenza politica o dal terrorismo.

Se, tuttavia, la violenza politica e il terrorismo dovessero finire sulle prime pagine dei giornali, il segreto per evitarli non è annullare i propri programmi di viaggio, bensì tenersi informati. Se al telegiornale si vedono dei disordini in un campo profughi nel Sud del Libano, per esempio, ciò non significa necessariamente che sia pericoloso visitare Beirut o la Galilea (o, a conti fatti, altre parti del Libano Meridionale). Allo stesso modo, può darsi che il telegiornale ignori regolarmente la situazione politica nell'Africa Occidentale, ma ciò non significa che sia sicuro visitare la Sierra Leone o la Liberia. Per questo motivo, quando si scelgono le destinazioni di viaggio è necessario andare oltre le ultime notizie trasmesse in televisione. Risorse on line come quelle offerte dal Ministero degli Esteri o da siti privati come World Travel Watch sono validi punti di partenza per valutare il livello attuale di sicurezza in diverse parti del mondo.

E se anche per caso viaggiando vi trovate in un'area a rischio, il segreto per restare al sicuro è parlare con gli abitanti del luogo, i quali possono dirvi dove si nascondono i pericoli; frequentare negozi o attività commerciali a conduzione familiare, che non sono mai obiettivo di attacchi politici; evitare di comportarsi in modo appariscente o chiassoso (il che comprende esternare opinioni dogmatiche su politica e religione), stare alla larga dalle strutture turistiche più ovvie (che sono facili obiettivi per chi vuole creare scompiglio). Per farla breve, l'atteggiamento sobrio e responsabile tipico del vagabonding avrà per conseguenza naturale un viaggio più sicuro. Se in una certa area la situazione si fa particolarmente tesa, andate altrove ed evitate quei posti creati appositamente per gli stranieri (i bar frequentati dagli stranieri residenti all'estero, gli Hard Rock Café e luoghi simili), tenetevi lontani dalle manifestazioni pubbliche e dalle folle (compresi i gruppetti di ubriachi e di attaccabrighe) e non dite agli sconosciuti dove avete intenzione di andare e di alloggiare.

Infine tenete presente che la maggior parte della gente non vi considererà entità politiche o appendici del «Grande Satana», ma vi tratterà da ospiti nel suo paese. Anche se si oppone con veemenza alla politica e ai comportamenti del vostro paese, avrà rispetto per la vostra individualità e vi tratterà con riguardo. Guardando il telegiornale, non lo immaginereste mai, naturalmente, ma viaggiando scoprirete di persona le sfumature del mondo in un modo che con i mass media non avreste ritenuto possibile.

Ministero degli Esteri: Viaggiare Sicuri
http://www.viaggiaresicuri.it/home.html
È il sito istituzionale sulle 'situazioni paese', con gli aggiornamenti sugli eventi di attualità e la pericolosità dei luoghi.

Dove siamo nel mondo
https://www.dovesiamonelmondo.it
Il portale degli italiani all'estero per viaggio, lavoro, studio e che vogliono far sapere al Ministero degli Esteri dove sono, cosa fanno e come essere rintracciati.

Unità di crisi
www.esteri.it
Il Ministero degli affari Esteri ha sempre disponibile un centralino per le emergenze che risponde al +39 0636225.

Link internazionali
Ogni paese ha un sito ufficiale di segnalazioni e precauzioni per viaggiatori, alcuni molto dettagliati per quantità e immediatezza come i siti per i viaggiatori del:

Dipartimento di Stato USA: https://travel.state.gov/content/travel/en/traveladvisories/traveladvisories.html

Foreign Office britannico: https://www.gov.uk/foreign-travel-advice

Ministero degli Esteri francese: https://www.diplomatie.gouv.fr

VOCI

«Per me l'esperienza del viaggio consiste non soltanto in ciò che vedo, ma anche in ciò che ho scelto di lasciarmi alle spalle, sia pure per un breve periodo di tempo, e nella prospettiva che, in questo modo, conquisto. La parte più difficile del viaggio è decidersi a partire. Quando avete preso quest'impegno, il resto viene con facilità e, nonostante l'ansia creata dai vari problemi, la mia esperienza non sarebbe la stessa senza di essi. Mi ricordo quando sono scesa dalla moto appena fuori dal tempio di Bayon ad Angkor Wat, in Cambogia, per potermi godere lo spettacolo che avevo davanti. Fui sopraffatta da un senso sconvolgente di gratitudine e di orgoglio. Ero orgogliosa di me stessa perché ero lì e perché mi ero data da fare per arrivarci. Ma anche perché avevo lasciato un lavoro importante, sapendo che nel mondo ci sono anche altre cose».

REBECCA MARKEY, 28 ANNI,
CONSULENTE DEL LAVORO, ONTARIO

«Non state lì ad aspettare. Non invecchiate tirando fuori delle scuse. Mettete da parte qualche migliaio di dollari, vendete la macchina, compratevi un atlante. Incominciate a sfogliarlo e dite a voi stessi che potete andare, che potete vivere in tutti quei posti. Bisogna fare dei sacrifici? Certamente. Ne vale la pena? Assolutamente sì. L'unico modo per scoprirlo è salire sull'aereo e partire. E lasciate che vi dica una cosa: la prima mattina che passerete nel paese che avete scelto, lontani dalle convenzioni della tipica vita di tutti i giorni, guardando il vostro nuovo ambiente, ascoltando lingue strane, sentendo odori strani e nuovi, allora saprete esattamente di che cosa sto parlando. Vi sentirete la persona più felice sulla faccia della terra».

JASON GASPERO, 31 ANNI,
REDATTORE, HAWAII

«Sono molto soddisfatto quando lavoro duro e vado avanti da solo. Mi fa sentire un conquistatore, sento di 'avercela fatta'. Ho vissuto quasi un anno in Europa, arrabattandomi, e in certi momenti è stato difficile, è vero, ma è stato molto stimolante e mi ha costretto a essere creativo. Per me, questa è stata una parte importante della mia esperienza: ho imparato un sacco di cose su di me e sulle mie capacità».

JOHN BOCKSAY, 30 ANNI,
INSEGNANTE, NEW YORK

PROFILI

Walt Whitman

Andiamo! Chiunque tu sia, avvìati in mia compagnia.

Se il vagabonding avesse un santo patrono, sarebbe Walt Whitman, se non altro per il *Canto della strada*, l'ode, gioiosamente contagiosa, che egli scrisse in onore dello spirito del viaggio.

Nato nel 1819 in una famiglia operaia di New York, Whitman entrò nel mondo del lavoro all'età di undici anni, come garzone d'ufficio. Fu qui, e durante il seguente impiego come apprendista tipografo, che sviluppò la sua passione di autodidatta, oltre che la capacità di cogliere una bellezza non comune nelle attività di tutti i giorni. Alla fine Whitman si dedicò al lavoro di giornalista, ma l'opera principale della sua vita fu *Foglie d'erba*, una raccolta di versi animati da libertà di spirito, che alla sua morte, nel 1892, finì per comprendere più di trecento poesie.

Da giovane, Whitman trovò l'ispirazione soprattutto nei suoi viaggi in traghetto da Brooklyn a Manhattan, che gli inculcarono una passione duratura per le gioie straordinarie e per i dettagli vividi del viaggio. Arrivò fino agli avamposti più promettenti d'America, come New Orleans o Denver: è questa celebrazione del movimento e della sua potenzialità che dà al *Canto della strada* quell'energia viscerale e totalizzante:

Per non vedere nulla in luogo
alcuno, che tu non possa
attingere e oltrepassare,
Per non concepire tempo,
per quanto distante,
che tu non possa attingere
e oltrepassare,
Per non sollevare
o abbassare lo sguardo
su strada alcuna,
che non si stenda per te
e ti attenda,
Per conoscere l'universo come
una strada,
come parecchie strade, come
strade per anime
in viaggio.

3

Semplificate

> Dalle tue greggi, una scodella o due di latte
> Dai tuoi granai, soltanto una pagnotta,
> In tutto il tuo palazzo, solo metà di un letto:
> Può un uomo usare di più? E tu possiedi tutto il resto?
>
> *Antico poema sanscrito*

Nel marzo 1989 la petroliera *Exxon Valdez* finì contro un banco di scogli al largo della costa in Alaska provocando una delle più ingenti perdite di petrolio nella storia degli Stati Uniti. Riconosciuta immediatamente come un disastro ecologico, questa catastrofe fece miracoli nel risvegliare la coscienza ambientale dell'americano medio. Man mano che la televisione trasmetteva immagini di lontre soffocate dal petrolio e di uccelli marini morenti, anche a livello popolare l'ambientalismo divenne una mania nazionale.

Tuttavia, invece di conservare di più e consumare di meno, molti americani cercarono di salvare il pianeta acquistando prodotti «ecologici», cosicché gli elettrodomestici a basso consumo energetico volarono via dagli scaffali dei negozi, le vendite dei cibi naturali crebbero in maniera esponenziale e nei grandi centri commerciali le borse della spesa riciclabili divennero di moda. Le compagnie che gestivano le carte di credito cominciarono a destinare una percentuale minima dei loro profitti a gruppi di ambientalisti, incoraggiando in tal modo i consumatori ad «aiutare l'ambiente» e a impegnarsi nello «shopping consapevole».

Questa fiera degli acquisti e delle vendite di cibi ecologici non ha granché contribuito a migliorare la situazione del pianeta, ovviamente, ma la maggior parte della gente è riuscita a sentirsi un po' meglio, senza dovere cambiare sostanzialmente il proprio modo di vivere.

Il concetto secondo il quale nella nostra vita l'investimento materiale è, in qualche modo, più importante del coinvolgimento personale è proprio ciò che spinge tanti di noi a ritenere che non potremo mai permetterci di andare a zonzo per il mondo. Quanto più la vita viene ridotta a una serie di scelte consumistiche, tanto più tendiamo a dimenticare che c'è differenza tra le due cose. Infatti, dopo esserci convinti che comprare è l'unico modo in cui possiamo svolgere un ruolo attivo nel mondo, concludiamo fatalisticamente che non saremo mai abbastanza ricchi da concederci un lungo viaggio.

Per fortuna il mondo non è necessariamente solo un prodotto da consumare. Il viaggio a lungo termine, così come l'integrità ambientale, non è qualcosa che si può comprare, ma è qualcosa che ci si concede. In effetti, il livello di reddito non ha mai determinato la libertà di andarsene in giro per il mondo, che si conquista invece con la *semplicità*, ovvero decidendo in maniera consapevole come usare il reddito di cui si dispone.

E, contrariamente a quanto suggeriscono gli stereotipi popolari, per perseguire la semplicità non occorre diventare monaci o rivoluzionari invasati e nemmeno vivere di pura sussistenza. E nemmeno occorre rinunciare incondizionatamente al ruolo di consumatori. La semplicità richiede unicamente un piccolo sacrificio personale: basta modificare le proprie abitudini e le proprie consuetudini all'interno della stessa società dei consumi.

> La nostra società rudimentale produce una moltitudine di bisogni... I nostri antenati hanno forgiato catene fatte di obblighi e abitudini che ci legano nonostante la libertà di cui tanto ci vantiamo, e anche noi, colmi di disperazione, aggiungiamo anello ad anello, lamentandoci e creando leggi mediche per trovare sollievo.
>
> JOHN MUIR, *KINDRED AND RELATED SPIRITS*

Talvolta, quando si sceglie la semplicità, l'ostacolo maggiore consiste nel senso di isolamento che tale scelta porta con sé, poiché il sacrificio privato non miete una grande attenzione nel mondo frenetico della cultura di massa.

La figura di Jack Kerouac ne è un buon esempio. In libri come *Sulla strada* e *Il viaggiatore solitario* Kerouac, che fu probabilmente il più grande «vagabondo» americano del ventesimo secolo, catturò con grande intensità le rivelazioni avute nelle sue peregrinazioni. Nei *Vagabondi del Dharma* raccontò la gioia di vivere con persone tanto fortunate da ignorare «la pretesa generale che si consumino prodotti e che si debba lavorare per avere il privilegio di consumare tutta quella roba che in realtà nessuno vuole... in genere immondizia che la settimana dopo finisce tra i rifiuti, tutta una faccenda impersonale in un sistema fatto di 'lavora, produci e consuma'».

Nonostante il suo rispetto per la semplicità materiale, Kerouac constatò che una concezione pubblica più alla moda (e più smerciabile) del suo modo di viaggiare stava mettendo in ombra la sua vita personale, quella vita che gli aveva garantito la libertà di viaggiare. Le automobili decappottabili, i dischi di musica jazz, la marijuana – e, successivamente, le tute militari della Gap –

finirono per rappresentare quell'essenza di ciò che lui e Neal Cassady cercavano in *Sulla strada*. E, come sottolineò anni dopo la sua morte William S. Burroughs, l'altro rappresentante della generazione beat, parte della mistica di Kerouac divenne inseparabile dall'idea che avesse aperto «un milione di caffè e venduto un milione di paia di jeans Levi's a entrambi i sessi».

In un certo senso, i caffè, le decappottabili e la marijuana fanno parte di ciò che ha reso il viaggio affascinante agli occhi dei lettori di Kerouac, perché il marketing funziona così, sia esso intenzionale o no; ma non sono queste le cose che hanno *permesso* a Kerouac di viaggiare. Glielo ha consentito il fatto di sapere che né la ricchezza né la propria identità si misuravano con ciò che si consuma o si possiede. Persino gli individui più calpestati e ai margini della società, constatava, hanno qualcosa che i ricchi non hanno: il tempo.

Questo concetto, secondo il quale le ricchezze materiali non rendono necessariamente ricchi, è vecchio quanto la società stessa. Con disprezzo le antiche Upanishad indù si riferiscono alla «catena del possesso con cui gli uomini si legano e sotto la quale sprofondano»; le antiche scritture ebraiche dichiarano che «chi ama il denaro non ne ha mai abbastanza». Gesù affermava che non serve a nulla se «un uomo conquista il mondo intero ma perde se stesso» e, con un paragone fantasioso, il Buddha sottolineava che cercare la felicità nei desideri materiali è assurdo come «soffrire perché su un albero di banane non crescono i manghi».

Tuttavia, nonostante millenni di simili avvertimenti, prevale ancora l'obbligo sociale – la follia del consenso, per così dire – di diventare ricchi con la vita piuttosto che vivere con ricchezza, di «avere successo» nel mondo invece di vivere con successo. E benché l'America sia famosa per l'infelicità dei suoi ricchi, la maggior parte di noi è ancora convinta che un po' più di soldi metterebbero le cose a posto. In questo senso, la lotteria diviene la metafora messianica della vita moderna: l'occasione che, dall'esterno, combina le probabilità giuste liberandoci una volta per tutte dai nostri problemi finanziari.

Fortunatamente, siamo tutti nati con un biglietto vincente e incassarlo è semplice come cambiare la nostra andatura mentre camminiamo per il mondo. Lo conferma anche l'esperto di vagabonding Ed Buryn: «Quando ci si dedica a un nuovo gioco, che in questo caso comprende il vagabonding, il tempo diventa l'unica ricchezza e tutti ne sono ugualmente dotati, grazie all'eredità biologica. Naturalmente il denaro è sempre necessario a sopravvivere, ma è il *tempo* ciò che serve per vivere. Allora risparmiate i pochi soldi che bastano a soddisfare le esigenze basilari di sopravvivenza, ma spendete con generosità il vostro tempo per creare quei valori vitali grazie ai quali il gioco vale la candela. Capito?»

> D'ora in avanti non chiedo più buona fortuna, sono io la buona fortuna,
> D'ora in avanti non voglio più gemere, non più rimandare, non ho più bisogno di nulla.
>
> WALT WHITMAN, *CANTO DELLA STRADA*

Abbiamo capito. Inoltre, il vantaggio di questo atteggiamento è che, mentre coltiviamo i fertili campi del tempo, gettiamo anche i semi della crescita personale, che fioriranno lentamente mentre vagabondiamo per il mondo.

In un certo senso, semplificare la propria vita in vista del vagabonding è più semplice di quanto sembri. Per sua natura, infatti, viaggiare richiede semplicità. Se non ci credete, provate ad andare a casa e a infilare in uno zaino tutto quello che avete. Non ci riuscerete mai perché, per quanto sobriamente viviate, non potrete mai soddisfare il minimalismo spinto necessario a viaggiare. Però, mentre siete a casa, potete già mettere in moto un processo di riduzione e di semplificazione. È utile a diversi livelli: non soltanto vi aiuterà a mettere da parte il denaro per il viaggio, ma servirà anche a farvi comprendere quanto non dipendiate dai vostri averi e dalle vostre abitudini. In questo modo vi preparerete psicologicamente alla realtà della strada e il viaggio diverrà un'estensione dinamica delle modifiche iniziate a casa.

Come quando, per esempio, si rinuncia al caffè, semplificare la propria vita richiederà inizialmente un periodo abbastanza duro di astinenza dal consumo, ma per fortuna il viaggio imminente vi darà un obiettivo a lungo termine molto concreto e gratificante che vi aiuterà a lenire il disagio. Con il tempo, man mano che raccoglierete i frutti sublimi della semplicità, comincerete a domandarvi come abbiate fatto fino ad allora a sopportare una vita tanto ingombra di cose.

> Il viaggio può essere una specie di monachesimo in movimento. Quando siamo in viaggio, viviamo spesso con più semplicità, senza avere con noi più di quanto possiamo portare e abbandonandoci al caso. È questo ciò che intendeva Camus quando diceva che ciò che dà valore al viaggio è la paura – o, in altre parole, la separazione (o l'emancipazione) dalle circostanze e da tutte le abitudini dietro alle quali ci nascondiamo.
>
> Pico Iyer, *Why We Travel*

A livello elementare esistono tre metodi generali per semplificare la propria vita: interrompere l'espansione, mettere un freno alle proprie abitudini e ridurre il disordine. La parte più facile è ridurre l'espansione. Ciò significa che, in vista del vagabonding, non acquisterete altri oggetti, per quanto ne siate tentati. Ovviamente questa regola si riferisce non soltanto a cose come automobili o oggetti di uso domestico, ma anche agli accessori da viaggio. Infatti, uno degli errori più grandi che le persone fanno quando si preparano al vagabonding è abbandonarsi a un'ebbrezza sostitutiva e comprare filtri per l'acqua, sacchi a pelo e corredi per il viaggio, mentre in realtà il vagabonding fila via liscio con il minimo indispensabile di accessori e, anche per viaggi che durano anni, basta un minimo investimento iniziale che comprenda scarpe robuste e una borsa da viaggio o uno zaino resistenti.

Mentre mettete un freno all'espansione materiale della vostra vita, dovete anche sforzarvi di limitare il vostro budget settimanale tagliando le spese superflue. Ciò significa che dovrete vivere più modestamente (anche se i vostri mezzi non sono modesti) e investire la differenza nei fondi che destinerete al viaggio. Invece di mangiare al ristorante, per esempio, cucinate a casa e portatevi il pranzo al lavoro o a scuola. Invece di divertirvi nei locali notturni o di andare al cinema o in un pub, passate la sera a casa con gli amici o con la famiglia. Cogliete l'occasione di eliminare un'abitudine costosa ovunque ne scorgiate una. Di conseguenza, il denaro che risparmierete darà i suoi frutti quando sarete sulla strada. Per quanto mi riguarda, ho mangiato un sacco di panini alla mortadella e mi sono perso gran parte della vita notturna di Seattle nell'era del *grunge*, ma i successivi otto mesi di libertà sulle strade dell'America settentrionale hanno più che compensato i miei sacrifici.

Ma forse la parte più impegnativa nel semplificare le cose è ridurre il disordine, ovvero tagliare ciò che già possediamo. Come ha osservato Thoreau, tagliare può essere la mossa più importante se si vuole conquistare la libertà di cambiare la propria vita: «Nella mia mente si è insediata una classe apparentemente ricca, ma in realtà tra le più povere – ha scritto in *Walden* –, quella che ha accumulato scorie senza sapere come usarle o eliminarle, forgiando così i suoi stessi ceppi d'oro e d'argento».

La maniera in cui ridurrete le vostre «scorie» in vista del viaggio dipenderà dalla vostra situazione. Se siete giovani, è probabile che non avrete accumulato abbastanza da trattenervi – e questa, detto per inciso, è la ragione per cui tanti «vagabondi» spesso sono giovani. Viceversa, se non siete più troppo giovani, potete ricreare la condizione spensierata della gioventù liberandovi della zavorra delle cose non strettamente necessarie al vostro benessere. Per molti degli oggetti in vostro possesso, i mercatini delle pulci e le aste on line possono fare miracoli in queste operazioni di pulizia, fruttandovi denaro in più che vi tornerà utile. Chi possiede una casa potrà affittarla per conquistarsi la libertà di viaggiare, chi invece vive in affitto potrà vendere, immagazzinare o prestare le cose che lo legano a un luogo.

Un aspetto ulteriore da considerare riguardo alla semplificazione della vita sono i debiti. Come ha osservato con tono irritato Laurel Lee in *Godspeed*: «Le città sono piene di gente che è rimasta intrappolata nel pagamento delle rate mensili per i mobili nuovi color avocado». Quindi, se è possibile, non lasciate che dei

> Moltissime persone spendono soldi in modo completamente diverso da come suggerirebbero i loro gusti naturali, e ciò avviene solo perché il rispetto dei loro vicini di casa dipende dal fatto che essi posseggano un'automobile o siano in grado di organizzare buone cene. In realtà, chiunque possa permettersi un'automobile ma preferisca sinceramente viaggiare o avere una buona biblioteca, alla fine sarà molto più rispettato che non se si fosse comportato esattamente come tutti gli altri.
>
> BERTRAND RUSSELL,
> *LA CONQUISTA DELLA FELICITÀ*

mobili color avocado – o qualsiasi altra debolezza apparentemente innocua – determinino il corso della vostra vita costringendovi a cicli continui di produzione e consumo. Se avete già dei debiti, lavorate per estinguerli e non contraetene altri. Se avete un mutuo o altri debiti a lungo termine, escogitate un modo – come per esempio l'affitto delle vostre proprietà – che vi consenta di essere indipendenti per periodi lunghi. La libertà dal peso dei debiti vi darà opzioni di vagabonding più ampie. E, se è per quello, anche più opzioni di vita.

> Nel mondo è facile vivere seguendo l'opinione del mondo e in solitudine è facile vivere seguendo la propria: grande è invece chi, nel mezzo della folla, conserva con perfetta soavità l'indipendenza della solitudine.
>
> RALPH WALDO EMERSON, *SELF-RELIANCE*

È probabile che, mentre semplificate la vostra vita e non vedete l'ora di spendere il vostro nuovo patrimonio di tempo, amici e familiari abbiano reazioni curiose. Da un lato, infatti, esprimeranno entusiasmo per le vostre avventure imminenti, dall'altro potrebbero interpretare il vostro desiderio di libertà come una critica velata al loro stile di vita. Poiché potrebbe sembrare che il vostro nuovo modo di concepire il mondo metta in dubbio i loro valori – o, quanto meno, li costringa a interpretarli in una luce diversa –, tenderanno a liquidare la vostra impresa definendovi arroganti e irresponsabili. Lasciateli parlare. Come ho già detto, il vagabonding non è un'ideologia, un balsamo per i mali della società o uno *status symbol*, ma è, era e sempre sarà un'iniziativa privata, il cui scopo è migliorare la vostra vita non in relazione a chi vi sta attorno, bensì in relazione a voi stessi. Perciò, se gli altri considerano i vostri viaggi una follia, non sprecate tempo cercando di convincerli che non è così. L'unica replica ragionevole, invece, è arricchire tranquillamente la vostra esistenza con la miriade di opportunità che il vagabonding vi offrirà.

Curiosamente mi sono scontrato con alcune delle reazioni più dure alla mia vita vagabonda proprio mentre viaggiavo. Una volta, ad Armageddon (la località in Israele, non la battaglia alla fine del mondo), m'imbattei in un ingegnere aeronautico americano, tanto eccitato per i cinque giorni di libertà che era riuscito a ritagliarsi durante un viaggio di consulenze a Tel Aviv da non parlare di quasi nient'altro mentre attraversavamo le rovine della città. Quando accennai al fatto che erano diciotto mesi che viaggiavo per l'Asia, lui mi guardò come se lo avessi preso a schiaffi. «Lei dev'essere ricco da fare schifo – mi disse con tono acido, dopodiché aggiunse dandomi un'occhiata: o forse lo sono mamma e papà».

Cercai di spiegare all'ingegnere che, insegnando inglese in Corea per due anni, mi ero finanziato quella libertà, ma non mi credette. Insomma, non accettava l'idea che due anni di un *qualsiasi* lavoro onesto potessero aver finanziato diciotto mesi di viaggio. Non si preoccupò nemmeno di ascoltare il vero segreto, cioè che in quei diciotto mesi di viaggio le mie spese quotidiane erano state significativamente *più basse* di quanto lo sarebbero state negli Stati Uniti.

Il segreto della mia straordinaria parsimonia non era né segreto, né straordinario. Avevo semplicemente attinto a quel pozzo profondo rinunciando a qualche comodità mentre viaggiavo. Invece di alberghi di lusso, dormivo in ostelli puliti e spartani. Invece di prendere l'aereo usavo gli autobus, i treni e i taxi collettivi. Invece di cenare in ristoranti alla moda, mangiavo ai chioschi per strada o nelle caffetterie locali. Ogni tanto andavo a piedi, dormivo sotto le stelle e cenavo gratis, cedendo all'insistenza ostinata di chi mi ospitava.

In oltre due anni complessivi di viaggi in Asia, Europa Orientale e Medio Oriente, per l'alloggio avevo speso poco meno di cinque dollari a notte, i pasti mi erano costati molto meno di un dollaro e le spese totali raramente superavano i mille dollari al mese.

È vero: ho gusti semplici e non mi fermo a lungo in posti costosi, ma nel mio modo di viaggiare non c'era nulla di eccezionale. Infatti interi circuiti internazionali per chi viaggia zaino in spalla (per non citare gli imperi editoriali che pubblicano guide per i viaggi a budget ridotto) sono sorti grazie alla pura e semplice abbondanza di queste occasioni nei paesi in via di sviluppo. Per il costo di un pieno di benzina a casa vostra, potrete prendere un treno che vi porta da un capo all'altro della Cina. Per il costo di una pizza consegnata a domicilio, in Brasile potete abbuffarvi per una settimana. E per l'equivalente di un mese d'affitto in una qualsiasi grande città americana o europea potete trascorrere un anno in una capanna su una spiaggia indonesiana. Inoltre, anche le regioni più industrializzate del mondo dispongono di una rete di ostelli, di sconti sui trasporti di comitive e di opportunità di campeggio, che mettono i viaggi più lunghi alla portata di tutte le tasche.

Alla fine scoprirete forse che preferite viaggiare in

> Quando ero molto giovane un grande finanziere mi chiese che cosa avrei voluto fare e io gli risposi: «Viaggiare!» «Ah – disse lui –, è molto costoso, bisogna avere un sacco di soldi per farlo». Aveva torto, perché ci sono due tipi di viaggiatori: il Viaggiatore Comodo, intorno al quale ronza una nube di spese folli, e colui che invece si muove in maniera indipendente e apprezza i piccoli disagi perché rappresentano un cambiamento rispetto al tran tran quotidiano.
>
> RALPH BAGNOLD, *LIBYAN SANDS*

economia, anche quando potrete permettervi alternative più costose. In effetti la semplicità non solo fa risparmiare soldi e guadagnare tempo, ma rende anche più avventurosi, sprona a stabilire contatti sinceri con gli abitanti del luogo, dà l'indipendenza necessaria per dedicarsi a passioni e interessi.

Con la semplicità – a casa vostra e in viaggio – avrete occasione di ridare un senso a un bene spesso trascurato, ma che non si può comprare a nessun prezzo: la vita stessa.

INDICAZIONI E PROPOSTE

UNO STILE DI VITA PIÙ SEMPLICE

Walden, di Henry David Thoreau
Il resoconto filosofico di come Thoreau cercò di condurre un'esistenza antimaterialista. Da centocinquant'anni è un classico della letteratura angloamericana.
(*Walden. La disobbedienza civile,* Mondadori 2016 o *Walden ovvero la vita nei boschi,* Mondadori 2016)

IL VAGABONDING PER LE FAMIGLIE
E PER LA TERZA ETÀ

Statisticamente, la maggior parte dei «vagabondi» sono persone dai diciotto ai trentacinque anni, senza figli, ma ciò non significa necessariamente che l'indipendenza giovanile sia un requisito indispensabile per intraprendere viaggi di lunga durata. Al contrario, alcuni dei «vagabondi» più dinamici sono persone mature o con famiglia al seguito che, in tal modo, sfidano gli stereotipi e decidono di scoprire il mondo per conto loro.

Vagabonding per la terza età

In generale, i consigli forniti in questo volume – dalla scelta di un manuale ai rapporti con le culture locali – si rivolgono ugualmente ai viaggiatori giovani e a quelli più maturi. È possibile che, di tanto in tanto, questi ultimi siano più desiderosi di comodità rispetto alle loro controparti più giovani, ma valgono le stesse regole elementari e le stesse libertà che caratterizzano qualunque viaggio indipendente. E poiché gran parte delle culture trattano gli anziani con estremo rispetto e interesse, invariabilmente costoro s'imbatteranno in avventure incantevoli e stringeranno numerose amicizie durante il loro cammino. Naturalmente dovranno prestare particolare attenzione nelle zone turistiche (vedi capitolo 6), dove truffatori e imbroglioni spesso considerano le persone più anziane come facili bersagli.

Alcuni tra i viaggiatori più maturi potrebbero sentirsi a disagio quando decidono di partire, poiché la cultura del viaggio indipendente è spesso imbevuta di linguaggi giovanili. Un modo di disinnescare questa forma di ansia consiste nell'aggregarsi a un breve tour organizzato o a un programma di «vacanze volontarie» all'inizio del viaggio. Con un atteggiamento positivo e il giusto livello di consapevolezza, dopo i primi giorni o le prime settimane viaggerete da soli e con maggiore fiducia all'interno della cultura che vi ospita.

Una guida di esperienze e suggerimenti è stata pubblicata nel 2012 da Carocci Editore: *Viaggiare nella terza età* di Guido Amoretti e Nicoletta Varani.

Road Scholar
https://www.roadscholar.org
È il sito di riferimento internazionale – un tempo si chiama-

va ElderHostel – promosso da un ente no-profit che dal 1975 si occupa di viaggi per la terza età a livello globale.

Vagabonding con bambini

Essere genitori può essere in sé e per sé un'avventura, ma ciò non significa che tale avventura si debba limitare alla città in cui vivete. Per i bambini di tutte le età – ma in particolar modo per quelli dai sei ai quattordici anni – un lungo viaggio per il mondo può trasformarsi in un'esperienza educativa senza precedenti che suscita nuovi interessi e nuove passioni. E se quando si è in viaggio fare i genitori può anche essere un compito arduo, le avventure insolite e i ricordi comuni del vagabonding di famiglia saranno poi una ricompensa più che adeguata.

Tra le guide segnaliamo le diverse versioni di *Viaggiare con i bambini*, pubblicate da Lonely Planet e EDT in Italia, la prima versione di Cathy Lanigan (2002), poi quella curata da Brigitte Barca (2010) e la più recente (2011). Una guida italiana scritta da due mamme viaggiatrici e blogger, Michela Toffali e Milena Marchioni, è *Bimbi e viaggi* (Giraldi, 2017).

Sono fioriti sul web i siti dedicati al viaggio con bambini, per lo più promuovono offerte e pacchetti, anche alternativi. Al loro interno si possono trovare rubriche di consigli.

Viaggiare coi bimbi
https://viaggiarecoibimbi.it
Contiene una guida utile all'approccio al viaggio.

Bimbi e Viaggi
www.bimbieviaggi.it
Il sito divenuto poi l'omonimo libro-guida.

VOCI

«I sacrifici che faccio per poter viaggiare sono comunque in relazione allo stile di vita americano, il che significa che continuo a vivere con un certo lusso. Andare in bicicletta invece di prendere il metrò o un taxi e portarmi il pranzo da casa invece di spendere otto dollari ogni giorno non è granché come sacrificio. Cerco di non comprare troppa carne, caffè o alcolici, ma ogni tanto mi concedo comunque queste cose. Non vado nei centri commerciali a comprare vestiti ed evito di spendere soldi per farmi tagliare i capelli. È incredibile quanto si risparmia se non t'importa di aver l'aria da sfigato per qualche mese».

SAM ENGLAND, 25 ANNI, STUDENTE
E LAVORATORE INTERINALE,
WASHINGTON D.C.

«Per mettere da parte qualcosa per i viaggi risparmiamo sulle cose di casa (nuove auto, nuovi vestiti e cose così). Non facciamo debiti, nemmeno con le carte di credito, perché vogliamo restare finanziariamente liberi di andarcene. Ogni anno, quando viaggiamo, diamo la casa in affitto. Senza debiti (a parte il mutuo), affittare la casa ci permette di andarcene senza dover spedire indietro un centesimo. Invece, molti nostri amici, anche loro di mezza età, ci dicono: 'Oh, piacerebbe anche a noi fare quello che fate voi, ma non possiamo... i soldi, i debiti, gli impegni...' Per come la vedo io, molti si limitano a scegliere la loro gabbia, perché tutti fanno innanzitutto quello che per loro è più importante».

LINDA ROSE, 58 ANNI,
INSEGNANTE IN PENSIONE, OREGON

«Invece di vivere in una casa grande con una bella vista, abito in un appartamentino sul retro, e risparmio sulle spese vive. È divertente notare come questa scelta influenzi molte mie abitudini di spesa e molte mie decisioni. Quando uno vive con poche pretese, finisce per comprare meno stupidaggini. Non c'è molto spazio da riempire, ci sono meno stanze da riscaldare, da rinfrescare, da illuminare. Il risultato è che tutte le spese scendono. D'un colpo si tagliano tutti i costi».

PAUL MCNEIL, 36 ANNI,
URBANISTA, CALIFORNIA

«Prima di mettervi in viaggio, sistemate tutte le faccende pratiche di casa vostra. In questo modo potrete apprezzare appieno l'esperienza del viaggio, senza dovervi preoccupare di quando dovrete tornare a casa o di che cosa dovrete fare quando sarete rientrati. È più facile vivere nel presente se avete pensato in tempo a tutti i vostri doveri».

R.J. MOSER, 38 ANNI, IMPRENDITORE
EDILE, WASHINGTON

PROFILI

Henry David Thoreau

La cosa che so fare meglio è accontentarmi di poco.

Henry David Thoreau non si allontanò mai molto dal New England, ma diffuse una concezione insolita della ricchezza, essenziale al vagabonding. Poiché riteneva che tutti i possedimenti materiali, al di là delle necessità di base, fossero un ostacolo alla vera vita, sposò l'idea che la ricchezza non consiste in ciò che si possiede, ma in come si impiega il proprio tempo. «Un uomo è ricco – scrisse in *Walden* – in proporzione alla quantità di cose che può lasciar perdere».

Nato a Concord, nel Massachusetts, nel 1817, Thoreau studiò ingegneria ad Harvard, anche se poi non riuscì mai a definire con precisione quale fosse la sua vera professione. Si definì via via insegnante, topografo, contadino, imbianchino, produttore di matite, scrittore e «qualche volta poetastro». Viene ricordato soprattutto come scrittore, in particolare come autore di *Walden*, un vivido resoconto dell'esperimento che condusse per un anno rifiutando ogni forma di materialismo.

Allo stagno di Walden, Thoreau visse in modo da dover lavorare solo sei settimane l'anno: mangiava le verdure dell'orto e il pesce dello stagno, viveva in una «casa piccola, luminosa e pulita» che si era costruito da solo ed evitava spese inutili, comprese quelle per la carne fresca, i vestiti eleganti e il caffè. Così facendo, ebbe tutto il tempo di dedicarsi alle cose che amava di più: leggere, scrivere, passeggiare, pensare e osservare la natura.

Fu in questo modo – attraverso la semplicità – che Thoreau riuscì a trovare la vera ricchezza: «La ricchezza superflua serve solo a comprare cose superflue – scrisse – mentre non serve denaro per comprare ciò che è necessario all'anima».

4

Non smettete mai di imparare

> Leggere vecchi libri o romanzi
> di viaggio ambientati in posti lontani,
> far girare mappamondi, aprire mappe,
> ascoltare musiche folkloristiche,
> mangiare in ristoranti etnici, incontrare
> amici nei caffè... sono abitudini
> che esercitano al viaggio e non vanno
> mai abbandonate, non diversamente
> dall'eseguire delle scale su un
> pianoforte, fare lanci liberi
> o meditare.
> PHIL COUSINEAU, *The Art of Pilgrimage*

Una delle più belle parabole di viaggio tramandateci dalla storia riguarda un certo Cristoforo Colombo che nel 1492, come abbiamo imparato tutti a scuola, salpò per l'oceano. Il fatto che avesse deciso di raggiungere l'Oriente dirigendosi verso ovest la dice lunga sul suo spirito d'iniziativa, ma mostra anche che si era preparato per bene. Dopo aver consultato i testi classici di geografia greci e latini, oltre ai *Viaggi* di Marco Polo, aveva le sue buone ragioni per ritenere che la sua ricerca dell'Asia partendo da Occidente sarebbe stata coronata dal successo.

Dopo che i suoi primi viaggi si rivelarono promettenti e frustranti allo stesso tempo, alla fine della terza spedizione Colombo avvistò indubbiamente un continente. Tuttavia, invece di affrontare l'ignoto, gettare l'ancora e verificare che cosa aveva appena scoperto, Colombo tornò rapidamente all'avamposto di Hispaniola e redasse una lettera trionfante da spedire in Spagna. Invece di usare l'evidenza empirica per dimostrare che aveva raggiunto la Cina o l'India, riprese in mano i geografi greci e latini che gli avevano dato l'ispirazione iniziale. Citando brani su brani tratti dagli antichi eruditi, concluse fiducioso di aver raggiunto lo sfuggente continente asiatico. Però, come qualsiasi ragazzino intelligente di otto anni saprà dirvi, nelle sue supposizioni grandiose si era sbagliato di almeno un emisfero.

L'esempio di Colombo ci insegna qualche lezione di importanza vitale riguardo al vagabonding. In primo luogo dimostra che documentarsi prima della partenza – ovvero sfruttare le conoscenze di chi ha esaminato il mondo prima di voi – può schiudere nuovi orizzonti favolosi. Ma, alla stessa stregua, non sarete mai in grado di apprezzare le meraviglie inaspettate del viaggio se fate troppo affidamento su ciò che avete studiato prima e ignorate ciò che vi trovate davanti agli occhi.

Bisogna perciò tenersi in equilibrio tra i motivi ispiratori che vi hanno spinto a mettervi in cammino e la coscienza che solo viaggiando vi preparerete ai nuovi mondi che vi attendono. La ragione per cui il vagabonding è così attraente è che promette di mostrarvi le destinazioni e le esperienze che avete sognato, ma la ragione per cui crea *assuefazione* è che, fortunatamente, non troverete mai al cento per cento ciò che sognava-

> Viaggiare colmi di speranza entrando nell'ignoto, con poche informazioni: il modo in cui la maggior parte della gente vive la propria vita è completamente calcolatore, e questa stessa espressione sembra riassumere tutta l'esistenza umana.
>
> PAUL THEROUX, *FRESH AIR FIEND*

te. Infatti, le esperienze di viaggio più intense solitamente vi capiteranno per caso e le caratteristiche che vi faranno innamorare di un certo posto raramente saranno quelle che vi ci hanno portato.

Per questo motivo, il vagabonding non è soltanto un processo di scoperta del mondo, ma anche una maniera di vedere, un atteggiamento che prepara a trovare le cose che non si cercavano.

Da tempo le scoperte che accompagnano i viaggi sono considerate la forma più pura di istruzione a cui un individuo può aspirare. «Il mondo è un libro – sostiene una citazione attribuita a Sant'Agostino – e chi non viaggia ne legge soltanto una pagina». Fondamentale nel vagabonding è approfondire le intricate trame del mondo, e quanto più si «legge», per così dire, tanto più salda diventa la posizione da cui proseguire la lettura. Eppure, anche se ci si ferma al primo paragrafo, è comunque importante prepararsi alle pagine che seguono. Dopo tutto, chi si limita a sfogliare rapidamente e a caso il libro del mondo ha ben poche possibilità di crescita.

Tra i viaggiatori si discute animatamente su quanto ci si debba preparare prima di iniziare il vagabonding. Alcuni esperti ritengono che, a lungo andare, è meglio prepararsi poco. Il naturalista John Muir era solito dire che il modo migliore di predisporsi a un viaggio era «buttare un po' di tè e di pane in una sacca e saltare la prima staccionata a tiro». Questa spontaneità non aggiungerà soltanto una scintilla di avventura ai vostri viaggi, ma ridurrà anche i pregiudizi e i preconcetti che potrebbero logorare le vostre esperienze.

Tuttavia è importante ricordarsi che i «vagabondi» esperti già posseggono la fiducia, la sicurezza e le conoscenze necessarie per far funzionare questo modo spontaneo di viaggiare. Conoscono la semplicità dei fondamenti del viaggio e, sfruttando le loro passioni, i loro istinti e qualche informazione locale, iniziano a imparare nel momento stesso in cui giungono a destinazione.

Personalmente, benché rispetti l'approccio spontaneo, preferisco l'eccitazione che si avverte quando, a casa, ci si prepara con cura al viaggio imminente. E come ha sottolineato Phil Cousineau in *The Art of Pilgrimage*, tendo a credere che «la preparazione non rovini la spontaneità e la possibilità di fare scoperte improvvise più di quanto la disciplina non guasti la possibilità di esprimere se stessi nello sport, nella recitazione o nella cerimonia del tè».

Per chi intraprende il vagabonding per la prima volta, ovviamente, documentarsi è assolutamente necessario, se non altro per familiarizzare con le situazioni tipiche dei viaggi, per imparare quali meraviglie e quali difficoltà lo aspettino e per placare i timori che inevitabilmente accompagnano ogni attività nuova. La chiave di questa preparazione consiste nel trovare un equilibrio tra la consapevolezza di cosa ci aspetta e un'ignoranza piena di ottimismo. Dopo tutto, il vantaggio dell'era dell'informazione consiste nel conoscere le proprie *opzioni*, e non il proprio destino, e a chi programma i suoi viaggi con l'idea di eliminare incertezze e imprevisti sfugge innanzitutto proprio il senso dell'andarsene da casa.

> Sapere troppo quando si parte è fatale: la noia s'impadronisce presto del viaggiatore che conosce la sua rotta, proprio come del romanziere che è troppo sicuro della sua trama.
>
> PAUL THEROUX,
> TO THE ENDS OF THE EARTH

Lo scopo dei preparativi, quindi, non è sapere esattamente dove andrete, ma avere fiducia di giungere a destinazione. Questo significa che il vostro atteggiamento sarà più importante dell'itinerario e la semplice volontà di improvvisare sarà, a lungo andare, più vitale di ogni forma di studio.

Infatti, il primo giorno sulla strada, quando il viaggio diventerà immediato e reale, potrebbe anche rivoluzionare tutte le idee che avrete spigolato qui e là andando per biblioteche.

Come ha scritto John Steinbeck in *Viaggio con Charley*: «Una volta che abbiamo progettato un viaggio, ci siamo equipaggiati e messi in moto, c'è un fattore nuovo che assume il controllo. Un viaggio, un safari, un'esplorazione sono entità irripetibili... non ce ne sono due uguali. E tutti i progetti, le protezioni, le garanzie e le costrizioni non servono a nulla. Dopo anni di battaglia ci rendiamo conto che non siamo noi a metterci in viaggio, ma è il viaggio a mettersi dentro di noi».

Indipendentemente dal tempo che dedicherete alla pianificazione del viaggio, è probabile che abbiate cominciato a prepararvi molto prima, quando vi siete accorti che là fuori c'è tutto un mondo da scoprire. Nel corso della vita la vostra urgenza di mettervi in viaggio si è accesa grazie a diverse fonti ispiratrici: letture, insegnanti, interessi personali. Una volta che avete preso la decisione definitiva di mettervi in cammino, questo processo di preparazione si mette a fuoco e s'intensifica.

Quando progettano un viaggio, molti si rivolgono in primo luogo ai media tradizionali (per esempio, le informazioni che si trovano in biblioteca), che rappresentano un'ampia varietà di risorse. Tuttavia, sarebbe opportuno fondere molte delle informazioni ricavate dai media – soprattutto quotidiani e telegiornali – con una buona dose di scetticismo, soprattutto perché gran parte di chi le produce punta più a catturare la vostra attenzione che non a darvi un quadro bilanciato del mondo. È il caso, soprattutto, di televisioni e riviste. Le persone e i luoghi reali vengono presentati come oggetti quasi *irreali* quando i mezzi d'informazione si dilungano su guerre, disastri, elezioni, celebrità ed eventi sportivi.

Inoltre, quello che passa nei media tradizionali sotto la voce «viaggi» ruota principalmente intorno a montature, abbinamenti pubblicitari e commerciali: riccastri che fanno il giro del mondo in mongolfiera, fanatici della fantascienza che fanno centinaia e centinaia di chilometri per andare ad assistere alla prima dell'ultimo episodio di *Guerre Stellari*, operatori del settore che confrontano le offerte speciali per i biglietti aerei. I viaggi individuali di lunga durata non vengono quasi mai menzionati, a meno che non contengano qualche riferimento moralistico o vagamente allarmante (che, in genere, riguarda i giovani). Il settimanale *Time*, in particolare, ha l'irritante abitudine di dipingere i ventenni che se ne vanno a zonzo per il mondo come se fossero tutti stupidi e drogati.

Perciò, quando al telegiornale parlano di altri paesi, è buona norma pensare a quale immagine dell'America in genere viene presentata all'estero dai film di Hollywood. Come la vita quotidiana degli americani non è fatta di inseguimenti in auto, sparatorie e donne dai seni insolitamente prosperosi, così la vita oltreoceano non è fatta di stereotipi sinistri o melodrammatici, ma è invece piena di gente che crede in valori non molto diversi dai vostri. Prima di andare in Medio Oriente, per esempio, le immagini trasmesse dai mezzi di comunicazione di massa mi avevano fatto credere che la Siria fosse uno «Stato canaglia», brulicante di informatori della polizia e di campi d'istruzione per terroristi. Quando infine trovai il coraggio di visitare di persona la Siria, questo stereotipo fu distrutto dal calore e dall'esuberanza degli arabi, dei curdi e degli armeni che vi abitavano. Se era vero che gli informatori segreti della polizia mi tallonavano, non devono aver visto molto più di incantevoli cene consumate in casa, passeggiate nei vari quartieri e partite di backgammon nelle sale da tè.

Così, per affrontare i vostri viaggi con la prospettiva e l'ispirazione giuste, dovrete evitare la frenesia delle notizie quotidiane e cercare fonti d'informazione più rilevanti. Per fortuna esistono numerose alternative: racconti, riviste specializzate, riviste e giornali stranieri, romanzi ambientati in paesi lontani, studi storici e accademici di altre culture, dizionari e prontuari di lingue straniere, mappe e atlanti, video scientifici e culturali e programmi televisivi, almanacchi, enciclopedie e libri di consultazione dedicati ai viaggi, documentari e guide turistiche.

> È questo l'incanto della mappa: rappresenta l'altro lato dell'orizzonte, dove tutto è possibile.
>
> ROSITA FORBES,
> FROM RED SEA TO BLUE NILE

Ora, però, vorrei spendere qualche parola in più sulle guide turistiche, poiché sono particolarmente importanti. Naturalmente non dovete considerarle la vostra sola fonte d'informazioni; meritano tuttavia di essere citate a parte perché è probabile che saranno invece l'unica che porterete con voi quando sarete partiti. Inoltre contengono il genere di informazioni utili e specializzate in grado di aiutare anche il più incallito pantofolaio a farsi coraggio e conoscere le possibilità pratiche del vagabonding. Ad ogni modo, valutate con cura i pregi e i limiti di una guida prima di adottarla.

Troppo spesso chi viaggia si fida ciecamente dei consigli e delle informazioni forniti da queste guide e, anche se alcuni danno la colpa di questo atteggiamento all'attuale popolarità delle guide turistiche «indipendenti», non si tratta di un fenomeno recente. Quando nel diciannovesimo secolo Mark Twain visitò la Terra Promessa, trovò spesso esasperanti i «fondamentalisti della guida turistica» che facevano parte del suo gruppo. «Posso prevedere, con delle frasi fatte, quello che diranno quando vedranno Tabor, Nazareth, Gerico e Gerusalemme – ha scritto Twain in *Gli innocenti all'estero, ovvero il viaggio dei novelli pellegrini* –, perché ho anch'io i libri da cui 'rubano' le loro idee. Questi autori scrivono quadri e incorniciano rapsodie e gli uomini meno dotati li seguono e osservano tutto con gli occhi dell'autore invece che con i propri, parlando con la sua lingua... Quando torneranno a casa, i pellegrini non racconteranno come è sembrata *a loro* la Palestina, ma com'era nelle guide, variando le sfumature a seconda della fede professata da ognuno di loro».

Poiché una guida può rovinare le impressioni personali, è importante usarla come un manuale pratico da consultare durante le vostre avventure e non come un testo sacro che contiene tutto. Persino chi scrive queste guide per lavoro raccomanda di mantenere una sana indipendenza di giudizio. «Ricordiamo ai lettori che una Lonely Planet non è la Bibbia – ha detto l'editore Tony Wheeler in un'intervista al *National Geographic Traveler*. – Il fatto che non raccomandiamo quel tal ristorante non significa che non valga nulla. Noi incoraggiamo chi viaggia a sperimentare cose diverse. C'è persino gente che ci scrive per dirci che usa i nostri libri per capire dove *non* andare. Non vogliono stare insieme a tutti gli altri e quindi cancellano dalla loro lista gli alberghi consigliati da noi, per andare negli altri. Trovo che questo sia grandioso».

In generale, le guide migliori contengono informazioni di viaggio utili e concise riguardanti una regione specifica: il retroterra sociale e culturale, schemi riassuntivi sulle lingue e sulle abitudini locali, dati sul clima e sull'ambiente, consigli su come ottenere visti e cambiare il denaro, suggerimenti per non ammalarsi ed evitare i pericoli, istruzioni su come usare i trasporti locali, raccomandazioni su alloggio, cibo e divertimenti. Siccome i proprietari cambiano e i prezzi continuano a fluttuare, le raccomandazioni su alberghi e ristoranti sono le informazioni meno affidabili in qualsiasi guida compriate. Per esempio, ho constatato che in Vietnam gli alberghi e i ristoranti raccomandati da Lonely Planet e da Rough Guide offrivano invariabilmente il peggior servizio ai clienti, poiché la fama che si erano conquistati attraverso quelle guide garantivano loro un flusso costante di turisti occidentali. Per fortuna andare a caccia di letti comodi e di piatti saporiti in Vietnam si è rivelata un'esperienza facile e piacevole, una volta imparato, con un po' di esperienza, che cosa cercare.

> Un buon viaggiatore non ha programmi fissi e il suo scopo non è arrivare.
> Lao-Tzu, *La via della vita*

Quando scegliete una guida per la vostra destinazione, è utile fare qualche confronto per individuare quella più adatta ai vostri bisogni, poiché la qualità delle guide tende a variare da paese a paese. Le bacheche elettroniche e i newsgroup su Internet sono un buon posto in cui chiedere informazioni sulle guide che trattano la zona che volete visitare, sebbene sia importante raccogliere una serie di opinioni diverse.

Poiché in gran parte dei circuiti di viaggio internazionali sono facilmente disponibili guide sia nuove sia usate, il mio consiglio è di partire con una guida per volta, a prescindere da quante regioni vorrete visitare. È semplice rivendere, scambiare e comprare libri quando si è in viaggio e varrà la pena risparmiare peso riducendo i volumi al minimo. Qualcuno, sforzandosi di viaggiare nel modo più leggero possibile, arriva addirittura a smembrare intere sezioni delle sue guide se non intende usarle.

Quando avete preso gusto al vagabonding, una grandiosa alternativa alla guida consiste nell'affidarsi a una cartina dettagliata della regione e a un frasario della lingua locale. In questo modo perderete forse qualche informazione sul contesto, ma le destinazioni curiose e gli incontri che farete vi ricompenseranno ampiamente.

Oltre ai media tradizionali ci sono due ottimi sistemi per raccogliere informazioni e motivi ispiratori per il vagabonding. Il primo, il passaparola, è vecchio come il mondo, mentre il secondo è molto più recente: Internet. Entrambi possono migliorare i vostri viaggi, se sfruttati con intelligenza.

In viaggio, raccogliere i consigli degli altri è la cosa più utile. Mentre andate da un posto all'altro è il modo migliore per raccontare e valutare le proprie esperienze, saggiare nuove idee, avere le ultime notizie sui prezzi, sui punti caldi e rischiosi della zona che state per visitare. Ancor prima di mettervi in cammino è buona norma chiedere consiglio a persone che la pensano come voi e che sono già andate dove volete andare. I «vagabondi» più audaci sono sempre felici di raccontare i loro viaggi e si entusiasmano al pensiero delle avventure che vi aspettano.

Le amicizie e le conoscenze internazionali sono altrettanto fondamentali per il passaparola. Se il vostro vicino di casa proviene dall'Ecuador, interrogatelo sul suo paese d'origine; se una vostra collega di lavoro è di origini bulgare, chiedetele qualcosa sulla sua cultura; se il vostro ristorante preferito è gestito da eritrei, chiedete loro se hanno notizie da casa. Con grande probabilità vi riempiranno di racconti e raccomandazioni, e magari finirete per avere una lista di indirizzi di amici e parenti disposti a ospitarvi.

Ma ricordate che si tratta pur sempre di pareri personali, che i luoghi cambiano col tempo e con le circostanze e che il sentimentalismo e i pregiudizi possono offuscare il ricordo. Anche se la descrizione che qualcuno vi dà di un luogo vi fa un'impressione meravigliosa, è meglio svolgere comunque ricerche più approfondite.

La risorsa più dinamica a vostra disposizione – e, talvolta, anche la più caotica – è Internet, che si può considerare una sintesi elettronica dei media tradizionali e del passaparola. Da un lato, la Rete non ha rivali per quanto riguarda la tempestività e la varietà d'informazioni che offre; dall'altro i suoi contenuti sono spesso contraddittori e confusi. Se usata con buonsenso, può fornire idee di viaggio e suggerimenti difficilmente reperibili da altre fonti. Inoltre, indipendentemente da dove vivete, potrete trovare il sostegno di una comunità nata spontaneamente. È anche possibile affidarsi alla Rete per tutta la fase di ri-

> Quando il virus dell'inquietudine s'impossessa di un uomo ostinato e la strada che porta lontano dal Qui sembra larga e dritta e dolce, la vittima deve per prima cosa trovare in sé una buona ragione, sufficiente per farlo partire. Per il vagabondo con un po' di senso pratico non è un'impresa difficile: ha tutto un giardino di ragioni da cui scegliere. Quello che gli resta da fare è programmare il viaggio nel tempo e nello spazio, scegliere una direzione e una destinazione.
>
> JOHN STEINBECK, *Viaggio con Charley*

cerca e pianificazione di un viaggio, sebbene io non lo raccomandi.

Un'ottima maniera di tuffarvi nelle risorse di viaggio presenti in Internet consiste semplicemente nel passare un pomeriggio facendo tentativi con un motore di ricerca. Quando navigate a caccia di informazioni specifiche, naturalmente non trovate quasi mai ciò che state cercando nel momento esatto in cui lo cercate. Eppure, le innumerevoli deviazioni e le false piste del cyberspazio vi insegneranno un sacco di cose inaspettate. Quindi la pazienza è d'obbligo se volete che le vostre esplorazioni on line vi conducano da qualche parte.

A poco a poco scoprirete l'ampia scelta di risorse di viaggio offerte da Internet: riviste di viaggio, diari di viaggio letterari e amatoriali, agenzie e biglietterie on line, siti di appassionati, newsgroup e bacheche per i viaggiatori, edizioni on line di giornali stranieri, siti informativi gestiti dagli editori delle guide, siti commerciali, siti ufficiali degli uffici turistici nazionali e regionali, guide cittadine create e aggiornate da persone residenti all'estero, pagine di domande e risposte gestite da «guru del viaggio»; siti governativi dedicati alla sicurezza e alla situazione sanitaria nei vari paesi, guide sul «viaggio responsabile» create da organizzazioni non profit, librerie on line specializzate in viaggi e database di università internazionali che coprono ampi settori, dall'antropologia all'economia alla biologia marina.

Per chi si butta per la prima volta in questa espe-

Prima dello sviluppo del turismo il viaggio era considerato una specie di studio i cui risultati erano l'ornamento della mente e servivano a formare il giudizio. Il viaggiatore era uno studioso di ciò che cercava.

PAUL FUSSELL, *ABROAD*

rienza, i diari di viaggio on line sono una grande fonte d'ispirazione. Sebbene non siano sempre caratterizzati da una prosa impeccabile, aiutano però a demistificare la strada e spesso parlano con un entusiasmo sincero, tanto che è un piacere leggerli. Inoltre, poiché i diari di viaggio on line sono stati scritti da persone di varia estrazione – studenti, pensionati, coppie in luna di miele da due anni, genitori che si sono presi un anno di aspettativa per viaggiare con i figli piccoli, avventurieri con handicap fisici –, essi dimostrano che non è indispensabile essere giovani, bianchi e senza legami per poter viaggiare.

Le bacheche, i forum e i newsgroup elettronici, che vi danno la possibilità di fare domande e ottenere risposte, sono una risorsa importante. Qualche consiglio sull'uso di queste bacheche elettroniche: primo, accertatevi di aver letto tutti i messaggi prima di inviare la vostra domanda, perché ci sono buone probabilità che la risposta sia già presente. Secondo, cercate un ventaglio di risposte più ampio possibile, poiché i messaggi tendono a essere anonimi, soggettivi e molto spesso non verificabili. E, infine, ricordate che l'anonimato di queste bacheche spinge molte persone ad aumentare il loro livello di perfidia. Prima che mi accingessi ad attraversare l'Asia, per esempio, il forum di Lonely Planet mi aveva convinto che tutto il continente fosse pieno di turisti snob, mentre in realtà la maggior parte dei viaggiatori che ho incontrato erano rilassati e gentili.

Un ulteriore vantaggio della ricerca in Internet è che ve la potete portare dietro quando siete in viaggio. Con ciò non vi consiglio di mettere in borsa un computer portatile, ma di approfittare dei numerosi Internet café che sono stati aperti in tutti gli angoli della Terra.

L'unico avvertimento che vi do è di limitare il tempo che passate on line quando viaggiate, perché non c'è niente che soffochi la flessibilità quanto il bisogno maniacale di collegarsi con il mondo moderno. Anzi, il sistema più sicuro di privarsi dell'esperienza autentica di un luogo sconosciuto – l'equivalente psicologico di rimanere rinchiusi in casa – è controllare ossessivamente le proprie e-mail man mano che si va da un posto all'altro.

FORUM DI VIAGGIATORI

Lonely Planet Thorn Tree
https://www.lonelyplanet.com/thorntree/welcome
Il pioniere e sempre ricco forum dei viaggiatori della guida più conosciuta dagli anni Settanta.

Travellers Point
https://www.travellerspoint.com
Un sito di discussione con quasi un milione di iscritti.

Routard
https://www.routard.com/comm_forum_de_voyage.asp
In lingua francese, la comunità dei viaggiatori con lo zaino e degli appassionati delle omonime guide.

Forum Viaggiatori
http://www.forumviaggiatori.com
Il primo forum in lingua italiana.

Vagabondo
https://www.vagabondo.net/it/forum
La bacheca dei viaggiatori indipendenti italiani.

Turisti per caso
http://turistipercaso.it
Il sito della omonima trasmissione tv degli anni Novanta, oltre a essere diventato un portale, è soprattutto un aggregatore di racconti, consigli, esperienze.

DOMANDE E RISPOSTE
SUI PREPARATIVI DI VIAGGIO

Durante i preparativi di viaggio, vi troverete a considerare le questioni pratiche che assillano tutti i «vagabondi» prima di mettersi in cammino: questioni riguardanti la salute e le vaccinazioni richieste, questioni di sicurezza, disposizioni per il passaporto e il visto, problemi relativi all'assicurazione e alle comunicazioni in caso di emergenza, preoccupazioni relative a cibo, alloggio e trasporti. Per fortuna, una buona guida contiene informazioni riguardanti tutti questi argomenti, benché sia sempre utile verificare su Internet che siano ancora valide.

Se avete ancora dei dubbi su come affrontare gli imprevisti, ricordate che la prontezza di spirito e la capacità di adattamento vi serviranno più della ricerca di soluzioni dettagliate per tutti i problemi. È difficile prevedere se e quando possa avvenire un furto, per esempio, ma è facile acquisire abitudini (per esempio tenere il denaro in una cintura o chiudere sempre il bagaglio con un lucchetto) che ridurranno quest'eventualità. Alla fine vedrete che gli scenari peggiori che avete immaginato durante la fase di preparazione si verificano ben di rado. E, anche nel caso in cui vi capiti qualche disastro durante i vostri viaggi, la prontezza di spirito e la capacità di adattamento sono sempre la miglior risorsa.

Durante i preparativi di viaggio, tuttavia, a molte persone interessano anche altre questioni elementari che comprendono, tra l'altro, i seguenti punti.

Il mondo è grande. Dove vado?

Questa potrebbe essere la domanda più difficile, non tanto perché alcune destinazioni siano necessariamente migliori di altre, ma perché tutte sono, a modo loro, potenzialmente meravigliose. In sostanza, scegliere di esplorare una regione significa trascurare, almeno in un primo tempo, decine di altre aree del mondo, altrettanto fantastiche. A voler individuare la ragione definitiva per cui se ne sceglie una piuttosto che un'altra c'è da diventare pazzi.

Per fortuna non occorre un buon motivo per andare da qualche parte: andateci e vedete un po' che cosa succede quando siete là. È così che in genere funziona il vagabonding: magari si inizia un giro del Medio Oriente partendo dall'Egitto perché ci sono le Piramidi, poi si finisce per restarci tre mesi per ragioni completamente diverse e senza nessun legame con la decisione originaria (la poesia araba, le lezioni di danza del ventre o una storia d'amore nata nel deserto con un archeologo ungherese).

A parte l'Europa o l'America, quasi ogni parte del mondo può prestarsi al viaggio. La massima resa per il vostro denaro la otterrete nell'Asia Sudorientale, nel subcontinente indiano, in Medio Oriente, nell'America Centrale e Meridionale, dove esistono percorsi di vagabonding economici, sicuri e tradizionali. L'Africa e l'Oceania (inclusa l'Australia) sono leggermente più costose, ma sicuramente non più di una settimana a casa vostra. Anche l'America Settentrionale, dove ho provato per la prima volta il vagabonding, può rappresentare una fantastica esperienza di viaggio a lungo termine senza spendere troppo, purché abbiate sufficiente spirito d'iniziativa e di parsimonia.

Naturalmente, i tradizionali circuiti dei viaggi a buon mercato devono essere solo un punto di riferimento mentale quando progettate il vostro viaggio; perché la vostra strategia personale di vagabonding potrà – e dovrà – essere più o meno convenzionale a seconda delle vostre esigenze. Perciò, quando riflettete su dove andare, sentitevi liberi di attingere a qualsiasi fonte. Il desiderio di imparare a ballare il tango, per esempio, potrebbe suggerirvi di andare in Argentina. Se da bambini eravate innamorati del Libro della Giungla, magari volete andare a vedere gli animali selvaggi in Botswana, oppure dopo la lettura di *Sulla strada* di Kerouac vi è venuta voglia di attraversare l'America.

L'interesse per il ping pong può condurvi fino in Cina, l'entusiasmo per il rugby in Nuova Zelanda o alle isole Fiji. La leggenda di Prester John può spingervi in Etiopia, la passione per le farfalle in Costa Rica, la voglia di fare surf in Australia. La curiosità per i vostri antenati può farvi arrivare in Scozia, nelle Filippine o a Cuba. O forse preferirete seguire le orme di vostra madre che, negli anni Settanta, si è girata tutta l'Europa in autostop. Oppure vi spingerete fino a Singapore per vedere se è davvero come nella canzone omonima di Tom Waits. O, chissà, vi fermerete a Gibuti perché quando andavate a scuola vi veniva da ridere al solo sentirne il nome. O forse vi è persino qualche probabilità che visitiate l'India per vedere la cupola innevata del Taj Mahal.

Qualunque sia il motivo originario che vi spinge ad andare da qualche parte, ricordate che, una volta giunti a destinazione, non sarà mai come ve l'aspettavate, ed è giusto che sia così. Durante i miei vagabondaggi in Europa Orientale, per esempio, sono andato in Lettonia semplicemente perché mi sembrava un posto tranquillo e grazioso dove avrei potuto leggere e scrivere in santa pace. Invece i parchi, i cinema e i locali heavy-metal, piuttosto kitsch, di Riga – oltre che la cordialità dei lettoni – mi ci hanno trattenuto per tre settimane molto intense.

Quando avete scelto una zona in cui girovagare, non siate troppo ambiziosi con i vostri piani. Nonostante quello che avete studiato e pregustato di un certo luogo, dopo pochi giorni scoprirete che ce n'è almeno venti volte tanto. Perciò datevi da fare e preparate un itinerario generale, ma tenendo presente il vostro budget e quello che c'è da visitare in quel posto. Non prefiggetevi di «fare» l'Asia in sei mesi, ma cercate invece di visitarne una parte, come il Nordest, il Sudest, oppure l'India. Analogamente, non mettetevi in testa di «fare» l'America centrale in sei settimane: la vostra esperienza sarà molto più intensa se vi limiterete a uno o due paesi. E, anche se avete a disposizione due anni, cercare di stipare cinque continenti in una sola porzione di vagabonding è il modo migliore per stancarvi e logorarvi. Il vagabonding non è come fare la spesa all'ingrosso: il valore dei vostri viaggi non dipende dal numero di timbri che avrete nel passaporto quando tornerete a casa, mentre assaporare con lentezza tutte le sfumature di un paese è sempre meglio che visitarne quaranta di fretta e in modo superficiale.

Inoltre resistete alla tentazione di prenotare in anticipo tutte le attività o le escursioni che vi interessano. Magari un safari in Uganda sembrerà un'esperienza meravigliosa negli opuscoli pubblicitari di un'agenzia di viaggi, ma se la comprerete quando sarete già in Africa spenderete molto meno, e inoltre eviterete la fatica di dover rispettare un termine prefissato. Lo stesso discorso vale per i viaggi aerei. Anche se siete tentati da un biglietto aereo scontato che vi offre un giro intorno al mondo, è sempre meglio comprare un biglietto di sola andata per la vostra prima destinazione e programmare man mano gli spostamenti successivi. In questo modo spenderete molto meno (pensate alle compagnie aeree locali tipo Biman Bangladesh, Aerocaribbean e Malev) e vi godrete di più il viaggio, decidendo via via cosa vale la pena di fare sulla base delle vostre impressioni dirette.

Perciò non è nemmeno necessario predisporre tutti i visti di ingresso prima della partenza, perché è facile ottenerli mentre si viaggia; è anche meno probabile che scadano o diventino inutili se cambiate destinazione. In vista di ciò, mettete in borsa una decina di vostre fotografie formato tessera, giusto per evitare il fastidio di doverle fare all'estero. Ovviamente, prima di partire controllate quali visti vi servono per la destinazione iniziale, perché molte mete popolari – come la Cina o l'India – non rilasciano visti all'arrivo.

Ricordatevi che i pacchetti di viaggi-avventura e di turismo organizzato, compresi quelli venduti mascherati da viaggi «a buon mercato», sono per chi può allontanarsi da casa soltanto per poche settimane. Con il vagabonding, invece, siete voi a determinare il vostro ritmo e a seguire la vostra strada e potete esser certi che tutto quello che avete visto in un opuscolo patinato a casa vostra sarà ugualmente disponibile (a un prezzo dieci volte minore, oltretutto) quando arriverete per conto vostro a destinazione.

È meglio viaggiare da soli o con un compagno?

Non c'è una risposta universalmente valida a questa domanda, poiché, a conti fatti, è una questione di gusti personali. Io ho viaggiato in entrambi i modi e in entrambi i modi mi è piaciuto. Nel mio primo viaggio – otto mesi per l'America Settentrionale – il fatto di avere accanto a me degli amici mi ha permesso di condividere con loro difficoltà e successi e, dividendo le spese, ho risparmiato anche dei soldi. La dinamica di gruppo, inoltre, mi ha reso più facile superare le mie ansie prima di partire. Le mie successive imprese di vagabonding, invece, sono state solitarie e ho scoperto che questo è un modo straordinario di immergermi in ciò che mi circonda. Senza compagni di viaggio sono del tutto indipendente, il che mi spinge a incontrare gente e a vivere esperienze che normalmente non cercherei. Comunque, girare da solo non è per me un *modus operandi* esclusivo, perché quando mi stanco della solitudine mi risulta sempre molto semplice aggregarmi ad altri viaggiatori per qualche giorno o qualche settimana.

Se preferite viaggiare con un compagno sin dalla partenza, fate una scelta oculata. Accertatevi di avere le stesse finalità e idee simili su come volete viaggiare. Se, per esempio, il vostro pomeriggio ideale in Cambogia consiste nell'identificare la flora della giungla, probabilmente sarà meglio che non scegliate un compagno che invece preferisce un bar frequentato da un manipolo di sfaccendati. Se potete, fate viaggi brevi con il vostro compagno potenziale prima di intraprendere insieme il vagabonding: bastano pochi giorni per scoprire se siete compatibili. Evitate chi si lamenta in continuazione, i pessimisti cronici, i cuori infranti incuranti di tutto il resto, gli alternativi impacciati, poiché questo tipo di persone – e nei percorsi di viaggio ce ne sono parecchi – hanno la capacità di trasformare il viaggio in una faticosa buffonata. Trovatevi invece un compagno pragmatico e di mentalità aperta (vedi capitolo otto): sono queste le virtù che anche voi vorrete coltivare.

Indipendentemente dalla compatibilità con il vostro compagno – che sia un amante, un parente o il coniuge – non illudetevi di dover passare insieme ogni momento. In viaggio, l'armonia perfetta è una chimera, quindi lasciategli il tempo di respirare, anche se ciò significa separarsi amichevolmente per qualche settimana. Perciò durante i vostri preparativi, psicologici e pratici, siate sempre pronti a partire da soli, anche se pensate di non doverlo fare.

Che cosa devo portare con me in viaggio?

Il meno possibile, punto e basta. Non sottolineerò mai abbastanza quanto sia importante viaggiare leggeri. Trascinare da un posto all'altro un bagaglio enorme pieno di cianfrusaglie è il modo migliore per tarpare le ali alla vostra flessibilità e trasformare il viaggio in una farsa.

Purtroppo la vita a casa non vi prepara alla frugalità. Anche coloro che pensano di sopravvivere con il minimo indispensabile finiscono di solito per buttar via tre quarti delle loro carabattole dopo due settimane di peregrinazioni. Perciò, il più grande favore che potete fare a voi stessi quando decidete che cosa portare con voi è comprare – e non sto scherzando – una borsa piccolissima, in cui ci stia soltanto il minimo: una guida, un paio di sandali, articoli per l'igiene personale, qualche medicinale essenziale (inclusa una crema solare protettiva), tappi usa e getta per le orecchie (per gli ambienti inevitabilmente rumorosi) e qualche piccolo regalo per i vostri futuri amici e per chi vi ospiterà. Aggiungete qualche cambio di vestiti, semplici e funzionali, e un abito più decente per i controlli alla dogana e per le occasioni sociali. Metteteci anche un buon coltello da tasca, una piccola torcia, un paio di occhiali da sole decenti, uno zainetto più piccolo (per portare qualcosa con voi quando lasciate l'albergo o l'ostello per una giornata) e una macchina fotografica poco costosa. Poi abbassate lo sguardo e assicuratevi di avere ai piedi un paio di scarpe comode e resistenti, infine chiudete la borsa con un lucchetto.

Forse penserete che questi accessori da viaggio siano troppo pochi, ma non è così: ovunque andrete, troverete articoli da bagno, vestiti, penne, quaderni, fazzolettini, asciugamani, acqua in bottiglia e snack, anche se forse non conoscerete le marche locali. Nei posti dove piove molto ci saranno ombrelli a buon mercato, in quelli con molti insetti sarà facile trovare zanzariere e vestiti pesanti nei climi più freddi. E persino andare a comprare questi articoli man mano che vi serviranno sarà divertente. Per quanto riguarda i libri e le cartine essenziali, sono spesso più facili da trovare una volta arrivati, anche in inglese.

L'equipaggiamento per il camping è meglio che lo portiate solo se siete sicuri che lo userete *con frequenza*. A meno che nei vostri programmi non vi sia una permanenza significativa nell'entroterra (o se non andate in certe zone dell'America Settentrionale o dell'Europa Occidentale, dove il campeggio è l'unica soluzione a buon mercato), non portatevi dietro una tenda, un sacco a pelo o fornelletti da campeggio. Se avete voglia di una sistemazione più spartana, comprate in loco un'amaca o qualche coperta. Anche in posti accidentati come le Ande o l'Himalaya è generalmente più facile noleggiare equipaggiamento di qualità (e guide) che portarsi dietro la propria attrezzatura.

Lasciate a casa tutti gli oggetti preziosi, tipo i gioielli o i prodotti elettronici, compresi i computer portatili e le macchine fotografiche digitali, poiché rischiano di venire rubati o rompersi e – a meno che siate scrittori o fotografi professionisti – una biro, gli Internet café e una piccola macchina fotografica basteranno a soddisfare le vostre esigenze. Se però ritenete di non riuscire a sopravvivere senza documenti elettronici o senza i vostri software preferiti, portate con voi dei dischetti o dei cd-rom da usare negli Internet café.

Come risolvo i problemi di denaro quando sono in viaggio?

Indubbiamente la crescente disponibilità di bancomat in tutto il mondo ha reso più semplice procurarsi i contanti. All'estero i bancomat vi offrono non soltanto un buon tasso di cambio, ma vi risparmiano anche la fatica di preparare e portare con voi tutto il denaro per il viaggio. Gli sportelli sono meno frequenti al di fuori dei paesi industrializzati, ma ce ne sono a sufficienza nelle città più grandi e vi permetteranno di fare rifornimento periodico di valuta locale, risparmiando i traveller's cheque per le località più isolate. Naturalmente, prima di partire, verificate con la banca che la vostra carta sia utilizzabile anche all'estero.

Per quanto riguarda i traveller's cheque, avrete invariabilmente il tasso di cambio migliore con quelli da cento dollari. Ricordatevi di conservare una copia dei numeri degli assegni separata dagli assegni stessi. Di solito io memorizzo questi numeri, insieme con i numeri telefonici di emergenza, in un angolo discreto del mio account e-mail sul web, per maggior sicurezza. I dollari in contanti sono sempre utili quando si esaurisce la moneta locale e si è lontani dalle aree urbane: non fa mai male metter via le banconote in vari nascondigli nel bagaglio e addosso a voi. I traveller's cheque e il passaporto, invece, è meglio tenerli in una cintura sotto i vestiti.

Per quanto riguarda le previsioni di spesa per il vostro vagabonding, non fate un preventivo troppo dettagliato, poiché avrete una migliore percezione delle cose una volta che sarete in viaggio. Per mettervi al riparo, siate piuttosto larghi nella previsione dei costi e non dimenticate di valutare le spese per i visti, le tasse aeroportuali, i souvenir e, di tanto in tanto, qualche concessione al «lusso» (un bell'albergo, una buona cena, lezioni di immersione e cose del genere). Se pensate di avere soldi a sufficienza per viaggiare sei mesi, per esempio, pianificate di viaggiarne quattro, trascorsi i quali, se vi restano ancora dei soldi, considerate gli altri due mesi o più un «bonus». Di regola è meglio non esaurire i soldi mentre siete via, anche se pensate di trovarvi qualche lavoretto di tanto in tanto. Mettete da parte qualche centinaio di euro come fondo di emergenza e resistete alla tentazione di definire «emergenze» le puntatine ai bazar che vendono tappeti o le feste sotto la luna piena.

Prima di partire, saldate in anticipo tutte le bollette e tutti i debiti, così non vi dovrete preoccupare mentre siete in viaggio. Affidate la posta e le faccende di finanza domestica a un amico fidato o a un famigliare e non dimenticate di dar loro una copia di sicurezza del vostro passaporto, e lasciate istruzioni precise su cosa fare in caso di emergenza. E, soprattutto, portategli un bel regalo esotico dal vostro viaggio.

La transizione dalla vita domestica al vagabonding mi sembra un grande passo. Come lo affronto?

Non sottovalutate la vostra capacità di apprendere e adattarvi rapidamente e non rimuginate troppo su tutto quello che potrebbe capitarvi quando siete in viaggio. Ancora una volta, il puro e semplice coraggio vale molto di più di una logistica minuziosa, e un atteggiamento fiducioso, positivo e aperto alle novità compenserà le nozioni di viaggio che vi mancano alla partenza.

Con un atteggiamento simile, la maggior parte delle persone trabocca di fiducia dopo i primi giorni di vagabonding e si prenderebbe a calci per non aver trovato il coraggio di farlo anni prima.

INDICAZIONI E PROPOSTE

PORTALI DI INFORMAZIONE SUL VIAGGIO

Viaggiare.net
http://www.viaggiare.net
Un portale in lingua italiana con taglio informativo e poco commerciale; qui potete trovare recensioni, spunti, guide.

Viaggiatori.Net - Viaggiare indipendenti
www.viaggiatori.net
Una sorta di database con informazioni di base paese per paese: la valuta, la corrente elettrica, i siti delle compagnie aeree locali.

Pillole di turismo
http://www.pillolediturismo.it
Un sito il cui motto è 'terapie per un turismo sostenibile', con diversi consigli in sintonia con lo spirito del vagabonding.

ALCUNE GUIDE CONSIGLIATE

Lonely Planet
https://www.lonelyplanetitalia.it
Lonely Planet, un editore australiano, pubblica le guide più famose nel mondo per i viaggi a budget ridotto. Le Lonely Planet sono tutte piene di informazioni dettagliate e ben organizzate e coprono ogni area del mondo. Sul sito – in italiano – vi sono anche pagine con informazioni di base per i vari paesi.

Guide Routard
https://www.routard.com
Di origine francese, sono pubblicate in Italia dal Touring Club e sono particolarmente adatte a chi ama il viaggio spontaneo e il «vagabonding» per strada, come suggerisce il nome stesso.

INFORMAZIONI INTERNAZIONALI E NOTIZIE

World News
http://www.worldnews.com
Il sito, in inglese, è una rete di giornali e di stazioni radio on line che forniscono informazioni su tutte le aree del mondo.

RIVISTE DI VIAGGIO

National Geographic
http://www.nationalgeographic.com

National Geographic Italia
http://www.nationalgeographic.it

RISORSE PER GLI STUDENTI

Cts
www.cts.it
Il Centro Turistico Studentesco e Giovanile è la più grande associazione italiana dedita alla promozione e allo sviluppo del turismo. Offre molte mete di viaggio e molte occasioni a prezzi ridotti.

VENDITA ON LINE DI BIGLIETTI AEREI

Con l'avvento delle compagnie aeree *low cost* sono decine ormai i portali e le app di offerta voli. La maggior parte offre anche servizi di alloggio e noleggio mezzi di trasporto, ma si possono usare anche solo per la ricerca voli.

Sky Scanner
www.skyscanner.it

Vola gratis
www.volagratis.it

EDreams
www.edreams.it

Expedia
www.expedia.it

VOCI

«Mi ricordo una conversazione avuta con un professore universitario sul treno diretto in Sicilia: parlavamo del bisogno di viaggiare. Lui mi disse: 'Può leggere tutto quello che è stato stampato su un posto, ma niente vale quanto sentirne direttamente l'odore!' E aveva ragione! Dunque fate dei progetti, ma siate felici di abbandonarli, se è il caso. Kurt Vonnegut ha scritto: 'Le proposte di viaggio strane sono lezioni di danza che Dio vi dà'. Mi piace. Fate tutte le ricerche che volete prima di partire, ma non lasciate che i timori vi trattengano. In un giorno qualsiasi, Los Angeles è molto più pericolosa di tutti i posti in cui ho viaggiato. Prendete le normali precauzioni, usate il buonsenso se l'avete e tutto andrà per il verso giusto. Ho mangiato dai baracchini per strada ovunque sono andato e l'unica volta che sono stato male, per avvelenamento da cibo, è stato quando ho mangiato da McDonald's nella mia città, non sto scherzando».

Bill Wolfer, 48 anni, musicista, California

«Non pensateci troppo, non fate liste di pro e contro, che creano solo problemi. Finireste per restare a casa e raccontare ai vostri nipotini che da giovani avreste sempre voluto partire, invece di mostrar loro le fotografie dei vostri viaggi e di dare consigli sui posti da vedere. I miei famigliari e miei amici mi dicono spesso che vivono attraverso di me. Non vivete mai attraverso qualcun altro. Questa è la vostra vita, vivetela».

Lavinia Spalding, 32 anni, insegnante, Arizona

«Parlate alla gente che ha fatto quello che volete fare voi: vi racconteranno volentieri le loro esperienze e forse saranno le migliori fonti di informazione. Ricordatevi però che prima di andare in un posto potrete saperne solo fino a un certo punto. Scrivetevi un itinerario e, anche se poi non lo rispettate, vostra nonna si sentirà più tranquilla (almeno, per la mia è stato così). Imparate a usare le mappe quando siete a casa, imparate a stare calmi quando vi perdete. Usate il buonsenso, la prudenza, ma non lasciate che la paranoia vi rovini il viaggio».

Mary Hill, 27 anni, insegnante, Nebraska

«Credo che il viaggio non debba essere un'esperienza preconfezionata, e una guida può confezionare un viaggio tanto quanto un'agenzia. Penso che si debbano avere sempre diverse fonti d'informazione, sia prima sia durante il viaggio: un misto salutare di ricerche scientifiche, saggezza da manuale, aneddoti di altri viaggiatori, suggerimenti degli abitanti del luogo, e storie incredibili di guide turistiche professioniste».

Derek McKee, 26 anni, consulente per le comunicazioni, Ontario

PROFILI

Bayard Taylor

Al pubblico non sono noto come poeta – l'unico titolo a cui aspiro – ma come qualcuno che è riuscito a girare l'Europa con pochi soldi.

Per tutta la sua vita Bayard Taylor ha nutrito un'aspirazione: catturare l'immaginazione americana con le sue poesie. Tuttavia non ci è mai riuscito veramente: invece ha conquistato la fama facendo capire agli americani che non occorre essere ricchi per viaggiare.

Nato in Pennsylvania nel 1825, all'età di diciannove anni Taylor decise di attraversare l'Europa. Per risparmiare andò a piedi dalla Pennsylvania a Washington, dove ottenne il suo passaporto, dopodiché partì per l'Europa con appena 140 dollari in tasca. Risparmiando e facendo lavoretti occasionali per strada, Taylor riuscì a far bastare questa somma per due anni, evitando le locande, mangiando ai mercati dei contadini invece che nei ristoranti e andando a piedi ovunque. Quando studiava tedesco a Francoforte, viveva con trentatré centesimi al giorno.

In *Views Afoot*, pubblicato al suo ritorno, espresse il suo stupore per gli eccessivi preparativi degli altri viaggiatori, che sembravano interessarsi solo alle comodità e alle pillole di saggezza dispensate dalle guide, e che «quasi non alzavano gli occhi per vedere le scene dal vero». È interessante notare che *Views Afoot* divenne a sua volta una specie di guida, scatenando una tradizione di viaggi a budget ridotto che ha reso possibile il vagabonding a molte generazioni di americani.

Taylor non abbandonò mai la sua ambizione di scrivere poesia, ma il successo di *Views Afoot* lo spinse ad altri pellegrinaggi in Africa, in India, in Giappone, nella Terra Santa e nel Circolo Polare Artico.

Parte terza

SULLA STRADA

5

Non ponetevi limiti

> Viaggiatore, non c'è un sentiero
> I sentieri si fanno camminando.
> ANTONIO MACHADO, *Cantores*

Secondo i buddhisti noi viviamo la nostra vita come dentro il guscio di un uovo e, simili a un pulcino non ancora nato che ha pochissimi indizi sulla realtà della vita, la maggior parte di noi conosce solo in modo vago il vasto mondo che ci circonda. «L'eccitazione e la depressione, la fortuna e la sfortuna, il piacere e il dolore – ha scritto Eknath Easwaran, studioso del Dhammapada – sono tempeste in un regno privato, protetto dal guscio, ma che noi pensiamo sia tutta l'esistenza. Eppure questo guscio possiamo romperlo e penetrare in un mondo nuovo».

Il vagabonding non è il nirvana, naturalmente, ma l'analogia dell'uovo funziona comunque. Se vi lasciate alle spalle le abitudini e le convinzioni domestiche e fate il primo passo deciso verso il mondo, finirete per entrare in un paradigma molto più ampio e meno costrittivo.

Nella fase dei preparativi di viaggio questa idea vi sembrerà scoraggiante, ma quando vi sarete tuffati e vi sarete messi in cammino, vi inebrierà constatare come tutto ciò sia facile ed emozionante. Le esperienze normali – come ordinare del cibo o prendere un autobus

– vi sembreranno improvvisamente straordinarie e gravide di possibilità. Tutti i dettagli della vita quotidiana che a casa ignoravate – il gusto di una bevanda, il suono di una radio, l'odore dell'aria – vi sembreranno d'un tratto ricchi ed esotici. Il cibo, la moda e il divertimento vi appariranno deliziosamente strani e sorprendentemente a buon mercato. Per quanto vi siate documentati a fondo, vorrete saperne di più della storia e delle culture che vi circondano. Il fremito sottile dell'ignoto, dopo un certo timore iniziale, vi darà presto assuefazione: il semplice fatto di andare al mercato o alla toilette si trasformerà in un'avventura; delle banali conversazioni sfoceranno in amicizie incantevoli. Scoprirete ben presto che la vita sulla strada è molto meno complicata di quanto credevate a casa, pur essendo più complessa e intrigante.

«Il viaggio in generale, e il vagabondare in particolare, produce un'impressionante densità di esperienze – ha scritto Ed Buryn –, un concentrato di episodi, impressioni e vita che stimola e sfinisce allo stesso tempo. Succedono tante cose diverse e nuove con una tale frequenza, oltretutto proprio quando si è più sensibili... In una stessa giornata felice può capitare di essere eccitati, annoiati, confusi, disperati e stupiti».

Se volete un concetto chiave da tenere a mente nell'emozione dei primi giorni di viaggio, eccovelo: prendetevela con calma.

Per i «vagabondi» principianti, questa può essere una delle lezioni più difficili da imparare, poiché sembrerà loro che tantissime siano le cose sorprendenti da vedere e altrettante le esperienze da comprimervi dentro. Dovete però tener presente che lo scopo principale del viaggio a lungo termine è di girare *consapevolmente* il mondo. Il vagabonding non consiste semplicemente nel destinare una porzione della vostra vita al viaggio, ma nel riscoprire interamente il concetto di tempo. A casa siete costretti a venire al dunque e portare le cose a termine, privilegiando il fine e l'efficienza rispetto all'eccellenza di ogni singolo istante.

> Non voglio mettermi fretta: questo è già un atteggiamento velenoso del ventesimo secolo. Se vuoi fare qualcosa in fretta significa che non te ne importa più niente e vuoi passare a fare altro.
>
> ROBERT M. PIRSIG, LO ZEN E L'ARTE DELLA MANUTENZIONE DELLA MOTOCICLETTA

In viaggio imparerete a improvvisare le vostre giornate, a dare una seconda occhiata a tutto ciò che vedete e a non farvi ossessionare dai programmi di marcia.

Prefiggetevi quindi di scivolare con dolcezza nei vostri viaggi. Subito dopo essere arrivati alla destinazione iniziale, trovatevi un approdo (su una vera spiaggia oppure in un quartiere popolato di viaggiatori o anche in una città fuori mano) e trascorretevi qualche giorno cercando di rilassarvi e acclimatarvi. Non lanciatevi subito a visitare tutti i posti d'interesse o a realizzare tutte le vostre fantasie. Organizzatevi e mantenete vivo l'interesse, ma non fate una lista delle «cose da fare». Guardate e ascoltate ciò che avete attorno, godetevi i piccoli dettagli e le differenze. Osservate di più e analizzate di meno, prendete le cose come vengono. Praticate la flessibilità e la pazienza e non decidete in anticipo quanto resterete in un posto o nell'altro.

Per molti versi, questa transizione verso il viaggio può essere paragonata all'infanzia: tutto quello che vedete è nuovo e ha un valore emotivo; azioni semplici come mangiare e dormire acquisiscono un significato più acuto e le stranezze e le novità più banali diventano fonte di divertimento. «All'improvviso torniamo ad avere cinque anni – ha osservato Bill Bryson in *Una città o l'altra* –, perché non siamo in grado di leggere nulla, abbiamo soltanto qualche nozione rudimentale su come funzionano le cose e non possiamo nemmeno attraversare una strada senza rischiare la vita. La nostra esistenza diventa una serie di interessanti congetture».

In un certo senso è liberatorio attraversare posti nuovi con l'istinto di un bambino di cinque anni. Non siete più legati al vostro passato e, vivendo così lontano da casa vostra, vi sembrerà di ricominciare da zero. Non esiste opportunità migliore per spezzare le vecchie abitudini, affrontare le paure latenti e mettere alla prova i lati nascosti della vostra personalità. Da un punto di vista sociale, vi sembrerà più facile fare amicizia e avrete una mentalità più aperta. Da un punto di vista psicologico, vi sentirete impegnati e ottimisti, nuovamente pronti ad ascoltare e a imparare. E, più di ogni altra cosa, avvertirete l'eccitante sensazione di poter andare in qualsiasi direzione – letteralmente e metaforicamente – in qualsiasi momento.

Sulle prime, naturalmente, commetterete degli errori. Venditori poco raccomandabili potrebbero imbrogliarvi, per la poca familiarità con le abitudini culturali potreste offendere la gente e vi capiterà spesso di trovarvi a vagare in luoghi strani. Alcuni viaggiatori si danno un gran daffare per evitare queste figuracce da neofiti, che in realtà sono una parte importante del processo di apprendimento. Come dice il Corano: «Pensavate di entrare nel Giardino della Beatitudine senza dover superare le prove affrontate da quelli che sono venuti prima di

> Viaggiando, si vive in modo molto concreto l'atto della rinascita. Si affrontano situazioni completamente nuove, la giornata passa più lentamente, e inoltre durante il viaggio spesso non si capisce nemmeno la lingua che la gente parla... Si diventa anche più disponibili verso gli altri perché potrebbero aiutarci in situazioni difficili.
>
> PAULO COELHO, *IL CAMMINO DI SANTIAGO*

voi? » Infatti, tutti iniziano la loro carriera di viaggiatori come degli ingenui e non c'è ragione di credere che per voi sarà diverso.

Una delle mie prime gaffe da viaggio la feci a Macao, dove, passeggiando sotto le mura della fortezza portoghese, avevo trovato un piccolo declivio d'erba verde. Poiché avevo trascorso gran parte della settimana a Hong Kong, questa striscia d'erba che assomigliava a un parco era una tentazione troppo forte e non seppi resistervi. Buttai a terra il mio zaino e mi coricai sul tappeto erboso per godermi un po' di sole pomeridiano. Alla fine, però, notai che una folla di persone del luogo mi stava fissando. Io feci un cenno di saluto e loro si misero a ridacchiare. In un primo momento pensai che fossero affascinati dal mio modo di fare allegro e informale, fino a quando, però, uno studente che parlava inglese mi rivolse gentilmente la parola.

«Mi scusi – disse –, ma non è salutare stare seduti su questa erba».

«Non c'è problema – risposi io –, da dove vengo io lo facciamo sempre. È a questo che servono i parchi. Qualche insetto e un po' di polline non hanno mai fatto male a nessuno».

«Sì – disse allora il giovane, arrossendo per la mia stupidità –, ma da dove vengo *io*, l'erba serve ai cani per farci i loro bisogni».

Ho dimenticato come reagii esattamente a questa sconvolgente rivelazione, ma quello che voglio dire è che di tanto in tanto ogni viaggiatore finisce per avere l'aria di un turista tonto. «Una delle caratteristiche essenziali di un viaggiatore – ha osservato il giornalista John Flinn – è la capacità di sembrare incredibilmente stupido, a volte». Perciò fatevi una bella risata e crescete anche grazie a questi contrattempi. Non soltanto imparerete cose nuove su di voi e sull'ambiente che vi circonda, ma sarà anche un corso accelerato sulla vita del viaggiatore, che comprende banalità come contrattare quando si compra la verdura, orientarsi in zone sconosciute con la cartina di un libro e lavare i vestiti nel lavabo della stanza d'albergo. Con il giusto atteggiamento, nel giro di pochi giorni vi troverete in sintonia con i nuovi ritmi della vita da «vagabondi».

Quando si è per strada, una delle prime domande che assillano i viaggiatori principianti è semplice e ingannevole: «Ma che cosa *fai* tutti i giorni?»

> Ma il mondo del viaggiatore non è quello ordinario perché il viaggio stesso, anche il più banale, è un'implicita ricerca dell'anomalo.
>
> PAUL FUSSELL, ABROAD

Di primo acchito è una domanda a cui si risponde con facilità: statisticamente, la gente che va a vedere posti nuovi tende a cercare i monumenti, i musei, le rovine, le meraviglie della natura, gli eventi culturali, i villaggi etnici, i mercati, i ristoranti, le performance artistiche, le attività ricreative, i bar e la vita notturna. O magari inizierete i vostri viaggi facendo le cose che sognavate quando li stavate ancora progettando: proverete soggezione per i popoli antichi in posti come Stonehenge, Angkor Wat e Macchu Pichu; vagherete attoniti nelle sale dello Smithsonian, del Louvre o dell'Hermitage; ammirerete il levarsi del sole sul Serengeti in Africa, il tramonto nell'outback australiano o il sole di mezzogiorno nella giungla umida del Borneo; ascolterete rapiti il fischio soprannaturale dei cantatori mongoli; assisterete stupefatti alle rotazioni dei sufi turchi o pesterete i piedi come dei pazzi ascoltando le canzoni che gli Irlandesi cantano quando bevono. Andrete a comprare tessuti maya nei mercatini di Chichicastenango; discuterete sul prezzo del damasco in Siria oppure del broccato nelle viuzze dei mercati di Varanasi.

Purtroppo, però, la vita nei circuiti di viaggio non è soltanto una successione ininterrotta di momenti magici: dopo un po' alcuni spettacoli e certe attività possono stancare. Inoltre, le attrattive standard del viaggio (dai templi di Luxor fino alle spiagge caraibiche) sono così affollate e rovinate dalla loro stessa popolarità che diventa difficile apprezzarle veramente. Uno dei grandi cliché del viaggio moderno, infatti, è il timore di restare delusi dai luoghi che si è sempre desiderato visitare. Mi torna in mente una vignetta pubblicata sul *New Yorker* dove si vedeva un tizio che, in un'agenzia di viaggi, guardava fotografie di posti famosi e diceva: «Sembra tutto fantastico. Non vedo l'ora di restarne deluso!»

Nel suo libro *The Tourist*, Dean MacCannel espone il problema in termini accademici: «L'azione individuale di visitare un luogo è probabilmente meno importante dell'approvazione cerimoniale delle attrazioni autentiche in quanto oggetti di valore definitivo... Il vero atto di comunione tra il turista e l'attrazione è meno importante dell'immagine o dell'idea di società generate dall'azione collettiva».

In altre parole, le attrazioni turistiche vengono definite dalla loro popolarità collettiva e questa stessa popolarità tende a svalutare l'esperienza individuale delle attrazioni in sé. La tendenza attuale alla globalizzazione non fa che intensificare questa sensazione, tanto che in tutto il mondo i critici culturali si so-

> La pratica del viaggio emotivo consiste nello scoprire il punto in cui la storia e la vita quotidiana si sovrappongono, è un metodo per trovare l'essenza di ogni luogo e di ogni giornata: nei mercati, nelle piccole cappelle, nei parchi fuori mano, nei negozi di artigianato. La curiosità per ciò che di straordinario si nasconde nell'ordinario muove il cuore del viaggiatore che vuole vedere dietro il velo del turismo.
>
> PHIL COUSINEAU, *THE ART OF PILGRIMAGE*

no sentiti in dovere di lamentare il fatto che le attrazioni turistiche sono ormai «contaminate». Gli Champs-Elysées trasformati in un'arteria commerciale, i fast food a poche decine di metri dalla sfinge di Giza, e la facilità con cui si trova il müesli nei locali per stranieri di Yunnan, in Cina, sono stati considerati tutti esempi di come il turismo stia «assorbendo le altre culture». Per fortuna, più che la realtà della strada, questi timori rivelano le abitudini di viaggio dei critici culturali, perché basta allontanarsi un po' dagli Champs-Elysées, dalla Sfinge o dalle bettole di Dali per imbattersi in scorci incontaminati di Parigi, dell'Egitto o della Cina.

Curiosamente, però, sono poche le persone che pensano di allontanarsi dai percorsi di viaggio tradizionali, persino quei viaggiatori «indipendenti» che si tengono stretta la loro Lonely Planet. È quasi come se il percorso turistico fosse diventato una specie di campo di forza fantascientifico: una rete di attrazioni, divertimenti e infrastrutture dalla quale solo intrepidi eroi riescono a fuggire.

Ma fortunatamente, vivere un'esperienza di viaggio insolita non richiede eroismo, ma un semplice cambiamento di mentalità. La ragione per la quale molti viaggiatori rimangono frustrati quando visitano località famose è che stanno ancora seguendo le regole dettate loro da casa, che vi «premiano» se obbedite ad abitudini e protocolli prestabiliti, mentre non dovreste mai dimenticarvi, quando siete per strada, che siete solo voi a determinare l'ordine del giorno. Se la spiaggia di Kuta in Indonesia assomiglia troppo a un centro commerciale, avete il diritto di buttar via la guida, prendere una corriera per l'entroterra e perdervi tra i villaggi assonnati nei monti di Bali. Se la vista di un McDonald's sulla piazza Tien'an men vi irrita, potete benissimo saltare su un autobus, scendere dove capita e gironzolare per gli antichi *hutong* di Pechino.

Naturalmente, anche evitare continuamente le «attrazioni» può diventare un cliché, specialmente tra gli adepti della pseudo-controcultura che Paul Fussell chiama «gli antituristi». «L'antiturista non va confuso con il viaggiatore – scrive Fussell in *Abroad* –, perché ciò che lo motiva non è la curiosità, ma la difesa di sé e la vanità». Vestendosi ostentatamente con abiti del luogo, rinunciando di proposito a una macchina fotografica, ed «evitando costantemente le attrazioni standard», l'unica sincera intenzione dell'antiturista consiste nella decisione consapevole di differenziarsi dagli altri turisti.

Questa mentalità è così endemica che sin dal primo giorno sulla strada molti «vagabondi» principianti finiscono intrappolati nell'ottica dell'antiturista. Nel romanzo *L'esperienza* William Sutcliffe ironizza su questo genere di viaggiatori e descrive con toni comici un gruppo di giovani che, in India, *non trovano niente da fare* quando evitano le rotte turistiche tradizionali. «La difesa più eloquente del viaggio – osserva il protagonista – venne da Paul che disse 'Boh... Ci deve pur essere *qualcosa* da fare. A quanto pare la droga costa poco da queste parti'».

In effetti è vero che in molte parti del mondo la droga costa poco – almeno finché non vi beccano – ma non è questo il segreto dell'interesse e della passione per i paesi stranieri. Invece, per mantenere viva la curiosità quando si è in viaggio e differenziarsi davvero dalle masse frustrate, il segreto è questo: non ponetevi dei limiti. Non ponete limiti a ciò che pote-

> Credo che possiate fare quasi tutto o andare quasi ovunque se non avete fretta.
>
> PAUL THEROUX, CITANDO TONY L'ACCATTONE, IN *THE HAPPY ISLES OF OCEANIA*

> Tenete presente che il vantaggio speciale del vagabonding consiste nel non sapere veramente che cosa succederà poi, anche se in ogni caso lo avrete a un prezzo d'occasione... Le difficoltà che vi capitano non vi danno alternativa: dovete affrontarle. E, facendo ciò, vivete la vita appieno.
>
> ED BURYN, *VAGABONDING IN EUROPE AND NORTH AFRICA*

te fare o meno, a ciò per cui vale la pena di spendere il vostro tempo. Provate a «giocare» con la vostra giornata: osservate, aspettate, ascoltate, lasciando che le cose accadano. Come ha sottolineato Dean MacCannell: «*Tutto* ciò che viene notato, persino i fiorellini o le foglie raccolte da terra per farle vedere a un bambino, persino un lustrascarpe o una cava di ghiaia, *tutto* è un'attrazione... Talvolta abbiamo guide ufficiali o diari di viaggio che ci assistono in questa impresa, ma solitamente siamo soli. In che altro modo conosciamo un'altra persona se non da un insieme di suggestioni ricavate dall'universo delle suggestioni possibili? In che altro modo possiamo cominciare a conoscere il mondo?»

Perciò il vagabonding è come un pellegrinaggio senza meta: non è una ricerca di risposte, bensì una celebrazione dell'interrogare, un abbraccio all'ambiguo e un'*apertura* verso tutto ciò che incrocia il nostro cammino.

In effetti, se affrontate la strada con destinazioni e programmi specifici, al massimo potrete scoprire il piacere di realizzarli, ma se viaggiate a occhi aperti avrete un piacere molto più intenso: la semplice sensazione delle *possibilità* che risuonano da ogni direzione man mano che andate di luogo in luogo.

INDICAZIONI E PROPOSTE

PER COMINCIARE

- Non lasciatevi intimidire dai dettagli, apparentemente intricati, del viaggio indipendente. Tutte le principali aree del mondo hanno circuiti indipendenti frequentati da viaggiatori come voi e, anche se alla fine vorrete allontanarvene, vi daranno un sostegno e saranno un ottimo punto di partenza.
- Se avete dei dubbi su che cosa fare in un posto, cominciate a *passeggiare* nel nuovo ambiente. Camminate finché la vostra giornata si fa interessante, anche se significa uscire dalla città e andare a zonzo per la campagna. Prima o poi vedrete una scena o incontrerete una persona che darà un senso alla vostra passeggiata. Se così facendo vi «perdete», prendete un autobus o un taxi che vi portino a un punto di riferimento noto e, da lì, ritornate in albergo.
- Tenete un diario sin dal momento della partenza e abbiate la disciplina di scrivere qualcosa ogni giorno, con la libertà di essere concisi o di divagare come preferite. Registrate le storie, gli eventi, le sensazioni, le differenze e le impressioni. Ne risulterà un documento notevole delle vostre esperienze e della vostra crescita personale.

COMMISSIONI GIORNALIERE

- Siccome con il vagabonding portate tutta la vostra vita sulla strada, parte del vostro tempo settimanale dovrà essere impiegato in commissioni elementari, come comprare i biglietti del treno, fare il bucato, cambiare il denaro, acquistare articoli per l'igiene personale e mandare e-mail. Dedicare ogni settima-

na un po' di tempo a queste faccende vi permetterà di non dover interrompere altre attività più interessanti.
- Quando cambiate del denaro, contatelo sempre prima di uscire dalla banca o dall'ufficio di cambio, per verificare che il cassiere non abbia commesso errori. Nei paesi in cui i tassi di cambio del mercato nero sono più vantaggiosi, cercate di compiere le vostre transazioni in posti fissi (gli alberghi e i negozi di gioielleria sono luoghi tipici) e non in luoghi pubblici. Accertatevi di esservi accordati sul tasso, contate il denaro ricevuto dal cambiavalute prima di dargli il vostro e non accettate banconote sporche o strappate. Nei paesi con una moneta debole chiedete banconote dal valore nominale alto, perché grandi quantità di banconote piccole sono più difficili da contare. Se a un certo punto il vostro interlocutore comincia a comportarsi in modo sospetto – facendo per esempio richieste insolite o mostrandosi aggressivo – esercitate il diritto di andarvene.
- Resistete al bisogno di organizzare subito tutti gli spostamenti via terra, perché altrimenti rovinereste la vostra spontaneità. Anche le offerte scontate per più viaggi, come il famoso biglietto ferroviario Eurail, sono un affare solo se continuate a spostarvi da un posto all'altro. È utile prenotare in anticipo (e, nel caso dei treni, è spesso indispensabile), ma solo un viaggio alla volta.
- In alcuni paesi (come l'India) ci sono lavanderie poco costose dappertutto, ma in altri no. Fortunatamente i vestiti potete facilmente lavarli da soli. Portate con voi un tappo universale per il lavabo della stanza d'albergo e usate lo shampoo come detersivo. Portate una piccola corda per appendervi i ve-

stiti ad asciugare. Se la mattina seguente sono ancora un po' umidi, la soluzione migliore è indossarli lo stesso: anche se un po' sgradevole, è sempre meglio che avere della biancheria umida nello zaino.
- La maggior parte degli abitanti della Terra non si nutre di cibi in scatola, pasti scaldati al microonde o spuntini preconfezionati. Sfidate i mercati all'aria aperta, e guadagnateci in salute!

ALLOGGI E SERVIZI

- Raramente è un problema trovare alberghi e ostelli quando siete in viaggio, perciò non preoccupatevi di prenotare. Le uniche eccezioni sono: 1) quando i festival locali o l'alta stagione turistica minacciano di rendere scarse le stanze d'albergo e 2) se il vostro volo arriva tardi e volete evitare di cercare una stanza nel bel mezzo della notte.
- Nella maggior parte dei posti, gli alberghi e gli ostelli a buon mercato sono di proprietà degli abitanti del luogo, il che significa che questo tipo di viaggio è anche il modo migliore per sostenere l'economia locale. Inoltre, per gli alloggi gestiti dagli autoctoni, è possibile contrattare sul prezzo, specialmente durante la bassa stagione. Molti posti offrono tariffe scontate per una permanenza di più notti.
- Non prendete mai una stanza senza avere prima chiesto di vederla. Controllate che l'elettricità e l'acqua funzionino e assicuratevi che la serratura della porta si chiuda. Verificate la posizione della vostra stanza rispetto a discoteche, moschee, fabbriche, strade principali o altri luoghi che possono diventare rumorosi in certe ore del giorno o della notte.

- Quando lasciate la stanza per una giornata di avventura, prendete con voi un biglietto da visita dell'albergo, nel caso in cui perdiate l'orientamento e vi dimentichiate dov'è: che ci crediate o no, è un'evenienza sorprendentemente comune. Anche se non riuscirete a raggiungere l'indirizzo indicato sul biglietto, un tassista lo saprà fare al posto vostro.

COMUNICAZIONI E PACCHI DA CASA

- Adesso che gli Internet café si trovano quasi dappertutto, non è più un problema ricevere messaggi da casa. Se tuttavia volete ricevere un pacco, è meglio che approfittiate del fermoposta, grazie al quale gli uffici postali di tutto il mondo tengono la corrispondenza a vostra disposizione per un mese. Per evitare che il vostro pacco finisca nel posto sbagliato, fate scrivere il vostro cognome in grandi lettere maiuscole e sottolineato e fatelo inviare all'ufficio postale centrale (GPO) della città di destinazione. Se non siete sicuri di dove sia l'ufficio postale centrale, controllate nella vostra guida o chiedete a un impiegato dell'albergo. Il seguente modello è quello migliore per inviare pacchi al fermoposta:

> <u>COGNOME</u>, Nome
> Poste restante
> GPO
> Città
> STATO

CONTRATTARE

Fuori dal mondo industrializzato, i prezzi fissi si usano principalmente nei ristoranti e sugli autobus. Quasi tutti gli altri prodotti e servizi – dagli alberghi ai souvenir ai prodotti in vendita al mercato – sono soggetti a negoziazioni e solo un pazzo accetterebbe il primo prezzo senza contrattare un pochino. Ecco alcuni consigli per affrontare l'universo dei prezzi variabili.

Souvenir

- Nonostante le meraviglie esotiche che abbondano quando arrivate all'estero, resistete all'impulso di cominciare a comprare dei souvenir. Vi risparmierete la fatica di portarvi dietro questi tesori per il resto del viaggio e, con il passare del tempo, svilupperete una maggiore sensibilità per le cose da comprare e per come farlo.
- Quando contrattate, lasciate che sia il commerciante a fare la prima offerta e non rispondete offrendo la metà per poi proseguire da lì. I commercianti si aspettano già che vi comportiate così e ritoccano i loro prezzi di conseguenza. Prima di rilanciare, guardate invece se vi fa un'altra offerta più bassa. Quando contrattate rimanete gentili e determinati – anche scherzando – e non cercate di essere maleducati o accondiscendenti. Dall'altro lato, non lasciate che il commerciante vi influenzi con argomenti emotivi o melodrammatici: ricordatevi che ha molta più esperienza di voi e una delle tecniche di vendita di maggior successo nei mercati di tutto il mondo è fare sentire in colpa gli acquirenti dei paesi industrializzati quando non spendono abbastanza denaro per qualcosa.
- La prima regola dell'acquirente coscienzioso: non offrite mai un prezzo per un articolo per poi rifiutare di pagarlo. Se non siete sicuri di volere qualcosa, non fate offerte, punto e basta.
- Nella maggior parte delle zone turistiche, i negozi

di souvenir vendono articoli simili. Fate dei confronti prima di comprare qualcosa e non lasciate che i commercianti vi convincano che non è una cosa gentile da fare. Dopo tutto è la concorrenza che fa fiorire i mercati.

- Contrattare può diventare molto difficile in alta stagione, quando i turisti si accontentano di pagare prezzi gonfiati per quasi ogni cosa. Se possibile, rimandate i vostri acquisti alla bassa stagione: i prodotti sono gli stessi, ma probabilmente i commercianti saranno più disposti al compromesso.

Taxi e trasporti

- All'estero la questione dei tassametri può creare confusione, nel senso che alcuni taxi li hanno e altri no. Alcuni tassametri saranno «guasti» mentre altri saranno antiquati. Perciò non supponete che tutti i taxi siano uguali. Prima di accettare una corsa, assicuratevi che il tassametro funzioni e che il tassista lo abbia acceso.
- I taxi senza tassametro, però, sono diffusi e perfettamente legali in tutto il mondo. In tal caso, prendete accordi prima di partire. Non salite sul taxi finché non avete fissato il prezzo ed evitate i tassisti che cercano di mettervi fretta o vi spingono a forza in macchina prima di averlo proposto.
- Evitate di mettere il vostro bagaglio nel bagagliaio di un taxi, poiché alcuni tassisti imbroglioni lo usano spesso come mezzo di contrattazione. Se non avete altra scelta, assicuratevi di aver ripreso tutti i bagagli prima di pagare il tassista.
- In alcuni posti (come in Cina), i taxi e gli autisti di autobus vi diranno prima un certo prezzo, poi cercheranno di farvi pagare il doppio sostenendo che il

vostro bagaglio «conta come un passeggero». A meno che il bagaglio occupi effettivamente un posto a sedere, questa pretesa non è legittima. Perciò chiarite in anticipo che il prezzo che pagherete comprende sia voi sia il bagaglio.
- Analogamente, alcuni tassisti dichiareranno un prezzo per il vostro gruppo; poi, quando sarà il momento di pagare, affermeranno che si trattava di un prezzo individuale. Ovviamente questa è una truffa, ma il modo migliore di evitarla è chiarire in anticipo se il prezzo si riferisce ai singoli individui o a tutto il gruppo.
- Nella maggioranza dei casi, gli autisti di taxi e autobus sono persone gentili e interessanti e hanno storie fantastiche da raccontare. Fate attenzione al truffatore che può capitarvi di tanto in tanto, ma non siate automaticamente paranoici o scortesi con l'autista. Tutto sommato, la vostra vita è nelle sue mani!

VOCI

«Quando sono all'estero, visito certi luoghi per ragioni assolutamente ridicole... magari perché hanno un nome interessante o perché sono vicini a una montagna con un nome interessante, oppure perché sto attraversando una zona solitamente ignorata, magari per fare qualche commissione, e poi decido di vedere com'è e quali avventure possono capitarmi. Il viaggio è come un'enorme tela bianca e l'unico limite al dipinto che vi si forma sopra è dettato dalla nostra immaginazione».

Ross Morley, 25 anni, imprenditore, Inghilterra

«Molte volte io non cerco niente... sono le cose che vengono da me. Anche quando voglio starmene da sola, sembra che sia destinata a non riuscirci. Comunque, ho avuto la fortuna di conoscere persone estremamente gentili ovunque io sia andata. Generalmente vado nei posti turistici che m'interessano (Wat Pho, piazza Durbar, Taj Mahal eccetera) ed evito quelli che non m'interessano. Seguo la corrente e le mie sensazioni. Cerco di non pormi mete o aspettative troppo elevate».

Serena M. Collins, 27 anni, insegnante e studentessa post-universitaria, New York

«Tenete gli occhi aperti, vivete di più e vedete meno cose. Ciò che guardate tende a fondersi in un tutt'uno: quante cattedrali gotiche potete veramente apprezzare?»

Dan Neely, 26 anni, istruttore di rafting, Arizona

PROFILI

John Muir

Solo andando da soli, in silenzio, senza bagagli, si può penetrare veramente nel cuore del deserto. Gli altri viaggi sono solo polvere e alberghi e bagagli e chiacchiere.

Ritenuto da molti il primo ambientalista americano, John Muir è l'esemplificazione di come il modo migliore per avvicinarsi al viaggio sia interessarsi a ciò che ci circonda.

Nato in Scozia nel 1838 e cresciuto nel Wisconsin, quando aveva ventinove anni Muir perse la vista per un mese, a causa di un incidente in un negozio. Quando la recuperò decise di fare armi e bagagli e andare a vedere le meraviglie – foreste, montagne e laghi – che aveva rischiato di non vedere mai più. Partito a piedi, percorse più di millecinquecento chilometri, da Indianapolis fino al Golfo del Messico. Alla fine si diresse in California, dove s'innamorò del parco nazionale di Yosemite e della Sierra Nevada. La sua vita vagabonda lo portò in luoghi lontani, come l'Alaska, il Sudamerica, l'Australia, l'Africa, il Giappone e la Cina.

Sin dall'inizio i suoi viaggi furono alimentati dalla passione per la natura, tanto che egli s'immerse sempre nello studio della flora e della geologia dei posti che visitava. Non aveva mai fretta di giungere a destinazione e una volta disse a un amico che «un ritardo di quarant'anni o più» non gli dava fastidio, purché potesse esplorare altre vastità desolate durante il suo cammino.

Muir riteneva che l'errore peggiore che si possa fare nella vita sia di considerarsi disgiunti dalle proprie destinazioni, esperienze e dall'ambiente circostante. «Non appena prendiamo una cosa da sola – scrisse –, ci accorgiamo che è legata a tutte le altre nell'universo».

6

Incontrate i vostri vicini

> Viaggiare è il modo migliore
> per salvare l'umanità dei luoghi,
> preservandoli dall'astrazione
> e dall'ideologia.
>
> PICO IYER, *Why we travel*

Un'antica parabola indiana racconta di un re saggio che inviò due suoi ufficiali a esplorare terre lontane. Il re aveva notato che uno dei due era arrogante e pieno di sé, mentre l'altro era generoso e di mentalità aperta. Dopo molti mesi di viaggi ed esplorazioni, entrambi ritornarono a corte per riferire ciò che avevano scoperto. Quando il re li interrogò sulle città che avevano visitato, l'ufficiale generoso disse di aver trovato gli abitanti di quelle terre straniere ospitali, magnanimi e non molto diversi dalla gente che c'era nel loro paese. Sentendo questo, l'ufficiale arrogante lo schernì, affermando che le città che lui aveva visitato erano invece piene di intriganti, imbroglioni, truffatori e barbari malvagi. Ascoltando i loro racconti, il re rise tra sé e sé, perché li aveva mandati entrambi negli stessi posti.

«Vediamo quello che siamo» diceva il Buddha e questa verità non è mai tanto evidente come quando viaggiamo. Diversamente da una pura e semplice vacanza, dove raramente avete il tempo di interagire con ciò che vi circonda, il vagabonding ruota attorno alla gente che incontrate per strada e l'atteggiamento che avete in tali circostanze può accrescere o distruggere tutta la vostra esperienza di viaggio. «Se per voi il mondo è un luogo prevalentemente ostile, al-

> Chi visita paesi stranieri, ma frequenta solo i suoi connazionali, cambia clima ma non abitudini. Vede nuovi meridiani, ma gli stessi uomini e, con la testa vuota come le tasche, torna a casa dopo aver viaggiato con il corpo, ma essendo rimasto fermo con la mente.
>
> CHARLES CALEB COLTON, *Lacon*

lora lo sarà» ha scritto Ed Buryn. Con la stessa logica, naturalmente, una concezione positiva del mondo potrà produrre esperienze suggestive e umanamente valide.

Alcune delle persone che incontrerete durante il vagabonding saranno altri viaggiatori, molti dei quali provenienti dall'America Settentrionale, dall'Europa, dall'Australia o dal Giappone. Poiché essi naturalmente condividono con voi interessi, valori e libertà, saranno tra le persone più simpatiche e affidabili che conoscerete per strada. A volte – magari risalendo una montagna avvolta dalla nebbia insieme a dei compagni di viaggio o filosofeggiando tra i fumi dell'alcol in attesa dell'alba su una spiaggia – vi stupirete di essere stati tanto fortunati da incontrare gente così tranquilla, rilassata e aperta. Molti di loro resteranno vostri amici (e, ogni tanto, amanti) per molto tempo a venire, e vi insegneranno molto sulla loro cultura. Nel corso degli anni ho cantato canzoni norvegesi in Birmania, in Lettonia ho capito molte cose della politica cilena e in Giordania ho ricevuto lezioni di galateo giapponese a tavola.

Comunque, evitate di formare una cricca e di andare in giro solo con altri viaggiatori. «Se salutate solo i vostri fratelli – insegna Gesù – che cosa fate di diverso rispetto agli altri?» E infatti, partendo da casa, vi accorgerete che le esperienze più intriganti e gli incontri più rivelatori avverranno con gente il cui stile di vita e il cui retroterra culturale è completamente diverso dal vostro. Alla fine, nel Punjab quale sarà l'esperienza che v'insegnerà di più: bere una birra con un gruppo di neozelandesi agnostici e gentili o sorbire un tè con dei sikh indiani altrettanto gentili? Quale attività preferireste svolgere a Cuba: immersioni scuba con uno studente tedesco che si è unito a voi o ballare la rumba con una vecchia signora dell'Avana? Quale di queste esperienze vi piacerebbe raccontare agli amici quando ritornerete a casa? Quale ricorderete quando sarete vecchi?

L'aspetto più incredibile degli incontri con persone di paesi lontani è il modo in cui questi rapporti finiscono per insegnarvi qualcosa sul vostro modo di sentire, che è influenzato dalla società in cui siete cresciuti. Ciò che è giusto e ciò che è sbagliato nel vostro paese non lo è necessariamente negli altri, e se continuerete a giudicare gli altri secondo i vostri valori, perderete l'occasione di vedere il mondo attraverso i loro occhi. Gli americani, per esempio, attribuiscono grande importanza all'individualismo, mentre la maggior parte delle culture dell'Asia lo considerano un tradimento egoistico nei confronti dei propri doveri e della propria famiglia. Gli occidentali preferiscono essere diretti e obiettivi quando trattano d'affari, mentre molti orientali ritengono questo atteggiamento freddo e disumano. In alcune culture verrete giudicati in base alla vostra religione (o alla mancanza di una fede), in altre noterete strane reazioni alla vostra ricchezza (o alla sua mancanza), al vostro aspetto o al vostro sesso. Leggere di queste differenze culturali è una cosa, ma viverle di persona è completamente diverso. Dopotutto l'identità culturale è *istintiva* e non intellettuale e ciò significa che il difficile non è tanto avere certi costumi ma vedere come reagite *istintivamente* ai costumi degli altri, per voi inconsueti.

Quando insegnavo inglese in Corea, per esempio, mi sentivo frustrato per il mio stile informale. Pensando che i miei allievi – che avevano l'età di studenti universitari – avrebbero avuto più voglia di esercitarsi con l'inglese se avessero visto in me un amico e non un insegnante, tenevo molte «lezioni» nei caffè o nei bar. Sembrava che a molti piacesse questo ambiente di studio insolito, ma si richiudevano sempre a riccio quando li definivo miei «amici». «Non siamo suoi amici –

> Non è necessario comprendere al cento per cento gli altri e le loro abitudini per interagire con loro e intanto imparare qualcosa: è sforzarci di interagire senza conoscere tutte le regole e improvvisando che ci permette di crescere.
>
> MARY CATHERINE BATESON,
> PERIPHERAL VISIONS

mi disse una studentessa –. Non lo saremo mai». La sua reazione, che inizialmente interpretai come ostilità nei confronti di un non-coreano, sulle prime mi demoralizzò, ma col tempo capii che in Corea il concetto di amicizia è molto diverso da quello occidentale. Nel codice confuciano di comportamento, l'«amicizia» è riservata a persone di pari status sociale e considerare un insegnante un «amico» (e non un superiore) è un grave insulto per entrambi.

Perciò la consapevolezza culturale è spesso il risultato positivo di esperienze piuttosto negative e non c'è nessun *training* della sensibilità che possa sostituire ciò che apprenderete per caso. In fin dei conti, anche la nostra idea di «sensibilità culturale» è filtrata dalla sfumatura libertaria, democratica e ugualitaria della nostra cultura e, per alcuni modi di pensare, queste stesse supposizioni potrebbero essere offensive. Lo scopo del viaggio, dunque, non è stabilire se le altre culture siano «giuste» o «sbagliate» – per fare una cosa del genere potete benissimo stare a casa –, ma *capirle* meglio.

Quindi, il segreto per interagire con gli stranieri non è affinare la capacità di essere politicamente corretti (anche questo un concetto occidentale), ma affinare il senso dell'umorismo. La comicità consiste, spesso, in uno spostamento di contesto, e quale spostamento è più radicale che trovarsi in un paese lontano? La capacità di ridere di se stessi e fare le cose senza scomporsi può quindi essere la chiave per sopportare situazioni culturali nuove e strane.

L'umorismo potrebbe sembrare una maniera piuttosto moderna di affrontare un ambiente estraneo, invece è una strategia di viaggio che ha origini antiche. Ibn Battuta, il viandante marocchino del quattordicesimo secolo, usò spesso l'umorismo per mettersi un po' in ombra durante i suoi ventotto anni di viaggio in Africa, in Asia e in Medio Oriente. C'è un episodio che mi ricorda le mie esperienze: quando Battuta si perse in una città persiana chiese a un derviscio del luogo se parlava arabo. «*Na'am*» rispose il derviscio, usando la forma araba di cortesia per dire sì. Così incoraggiato, Battuta passò allora a far lunghe domande su dove si trovasse la locanda più vicina, per poi scoprire che *na'am* era l'unica parola araba che il derviscio conosceva. Anch'io una volta passai due ore vagando per il porto di Cebu nelle Filippine prima di rendermi conto che fare domande a cui si poteva rispondere solo sì o no non mi avrebbe aiutato a trovare un bancomat.

Tuttavia, l'esempio più vivido di straniamento culturale presente nei *Viaggi* di Battuta è quando egli va a trovare il «sultano infedele di Mul-Jawa» in Indonesia:

Mentre il sultano era in udienza, vidi un uomo con in mano un coltello simile a un attrezzo da rilegatore. Se lo portò al collo e, dopo aver fatto un lungo discorso di cui non compresi una parola, lo afferrò con entrambe le mani e si tagliò la gola. Il coltello era così affilato e la sua presa così forte che la testa cadde per terra. La sua azione mi stupì.

Il sultano si voltò verso di me e chiese: «Lo fanno anche nel tuo paese?»

Se Battuta riuscì a cavarsela in questa situazione, voi non dovreste aver problemi ad affrontare gli incontri relativamente benevoli che avrete durante i vostri viaggi.

Quando siete in viaggio, il primo requisito per non smarrire il senso dell'umorismo è coltivare la propria umiltà. In fin dei conti è difficile ridere di se stessi se si va in giro per il mondo come se fosse di nostra proprietà.

Soltanto qualche secolo fa l'umiltà per i viaggiatori non era affatto una dote facoltativa, ma era necessaria per sopravvivere. Gli esploratori medievali si prostravano deferenti ai piedi di insignificanti governatori locali con la stessa naturalezza con cui oggi i viaggiatori richiedono un visto. Persino Marco Polo fu costretto a inginocchiarsi davanti al Gran Khan. Perciò, se pensate che l'arroganza dei burocrati metta a dura prova il vostro orgoglio e la vostra pazienza quando vi trovate a una frontiera, pensate a chi, nel sedicesimo secolo, visitava la corte dei Karanga in Africa Orientale ed era costretto ad avvicinarsi al monarca locale battendo rit-

> L'arte di imparare valori comuni fondamentali è forse la conquista maggiore del viaggio per chi desidera vivere a proprio agio con il suo prossimo.
>
> FREYA STARK, *PERSEUS IN THE WIND*

micamente le mani mentre strisciava su letame fresco di vacca. Tenendo a mente tutto ciò, è sorprendente il livello di immunità diplomatica assicurato oggigiorno a chi viaggia. Anche nelle zone più isolate, dove le leggi formali che garantiscono la vostra sicurezza e dignità sono pura teoria, la maggior parte delle persone tratta i viaggiatori con calore e ospitalità.

Nonostante l'immunità diplomatica, però, l'umiltà è sempre uno strumento utile quando si affrontano nuove culture. Nella *Saggezza del deserto*, Thomas Merton rievoca la storia di un monaco del Trecento cui l'abate aveva ordinato di dare del denaro a chiunque lo insultasse. Dopo aver obbedito per tre anni, il monaco ricevette l'ordine di recarsi ad Atene per proseguire i suoi studi. Merton riferisce:

> Il discepolo stava entrando ad Atene quando s'imbatté in un uomo che, seduto alle porte della città, insultava tutti quelli che andavano e venivano. Insultò anche il discepolo che scoppiò immediatamente in una risata.
> «Perché ridi quando ti insulto?» gli chiese l'uomo.
> «Perché – rispose il discepolo – sono tre anni che pago per ricevere insulti e ora tu me li dai gratis».
> «Entra nella città – disse l'uomo – ti appartiene».

Durante il vostro periodo di vagabondaggio è improbabile che veniate insultati tanto spesso, ma il paragone funziona ancora oggi. Dopotutto, se riuscite a provare gioia per gli insulti – se imparate cioè a ridere di ciò che in altre circostanze vi avrebbe fatto arrabbiare – il mondo davvero «vi appartiene», da viaggiatore che attraversa più culture.

Se c'è un rischio nell'apertura e nell'umiltà culturale è la facilità con cui ci si lascia trasportare. Talvolta la semplicità, la povertà e la purezza di altre culture sembreranno così accattivanti – anzi, così vicine a ciò che, con il vagabonding, state cercando – che sarete tentati di mollare completamente la vostra cultura in favore di nuovi ideali esotici. Il «primitivismo romantico», cioè la tentazione ingenua di aderire alle presunte virtù di altre culture, ebbe il suo culmine nel famoso innamoramento degli hippies per la cultura indiana, alla fine degli anni Sessanta. Una ventina d'anni dopo, la scrittrice indiana Gita Mehta li definì senza mezzi termini una massa di buffoni confusi che scambiavano le loro «orge compiaciute» per misticismo rivelato.

«Che ingresso in scena! – ha scritto Mehta in *Karma Cola* –. Erano migliaia e migliaia e picchiavano sui cimbali, suonavano campanelli e flauti, con addosso abiti bizzarri dai colori sgargianti, cantavano, ballavano e parlavano in varie lingue... un caravanserraglio di officianti libertini che d'un colpo spazzavano via le convenzioni di casta, razza e sesso attraverso la pura e semplice comprensione indotta dalle droghe. Era il caos a sedurli. Loro ci consideravano dei semplici. Noi li consideravamo dei bambini. Loro pensavano che noi fossimo profondi. Noi sapevamo che loro erano provinciali. Tutti credevano che gli altri fossero ridicolmente esotici e tutti si sbagliavano».

Gli studiosi del fenomeno turistico hanno attribuito questa ossessione culturale al volto sempre mutevole – e alienante – della società moderna. Nel tentativo di entrare a far parte di culture più tradizionali, dicono gli studiosi, i viaggiatori moderni cercano di confermare il loro senso di autenticità e di riscoprire i legami perduti col passato. E non si tratta soltanto di un cliché hip-

> Le persone che si propongono uno schema di viaggio in genere lo fanno per staccarsi di dosso i pregiudizi locali... e acquisire quella visione imparziale degli uomini e delle cose che un paese solo non può offrire.
>
> JOSIAH TUCKER,
> *INSTRUCTIONS FOR TRAVELLERS*

pie, perché intorno a questa fascinazione sentimentale per le società isolate è sorta tutta l'industria del «turismo etnico». In Amazzonia, i turisti tentano di interagire con le tribù dell'Età della Pietra, aiutati da una guida. In Groenlandia i turisti pagano fior di quattrini per partecipare alla tradizionale caccia alle foche degli eschimesi. Nel Pacifico del Sud sono state recuperate danze tradizionali quasi dimenticate al solo scopo di intrattenere i vacanzieri.

Il fascino che i turisti provano per tutto ciò che è esotico ha prodotto vari effetti. Man mano che le civiltà isolate vengono in contatto con i viaggiatori contemporanei tendono ovviamente a desiderare le comodità moderne anche per sé. Più queste «isole» etniche accumulano radio e motociclette, naturalmente, meno autentiche sembrano, esercitando così un fascino minore sui turisti. In posti come Bali, i villaggi etnici ricorrono alla «messa in scena dell'autenticità», nascondendo televisori e sostituendo le t-shirt con i costumi locali quando arrivano i pullman degli stranieri, al solo scopo di alimentare un'economia basata sul turismo. Certo, gli abitanti dei villaggi balinesi restano pur sempre balinesi, anche quando indossano i jeans, ma questo non soddisfa le esigenze volubili del turismo etnico. Di conseguenza finiamo per creare queste sceneggiate surreali in cui i turisti di Los Angeles vanno in Thailandia per vedere la popolazione degli Hmong che, benché modernizzati, sfoggiano costumi etnici, anche se gli stessi turisti non si sognerebbero mai di visitare una comunità di Hmong altrettanto moderni se questi vivessero a Los Angeles. Come ha ironizzato lo storico Dagobert Runes: «La gente va in posti lontanissimi per guardare, affascinata, lo stesso tipo di persone che, nel proprio paese, ignora completamente».

Insomma, molti etnoturisti girano il mondo per interagire non con popoli esotici, bensì con *vestiti* esotici.

Per avere rapporti autentici quando viaggiate, quindi, dovete imparare a vedere gli altri come se fossero vostri *vicini di casa* e non soltanto fotografie del National Geographic. E, come con i vostri veri vicini di casa, il rapporto con la gente in paesi lontani è una strada a doppio senso. Per quanto esotici appaiano a voi i Chucki della Siberia o i boscimani della Namibia, ci sono buone probabilità che anche voi sembriate esotici ai loro occhi. «Gli aspetti più semplici della vita dei nostri vicini possono sembrarci una favola – ha scritto Pico Iyer in *The Global Soul* –. L'appendice stimolante e dimenticata di questo fatto è che le nostre vite, fino negli infimi dettagli, possono sembrare meravigliose a loro; una delle virtù del viaggiare in posti insoliti è che ogni giorno qualcosa mi ricorda che anch'io sono strano per loro».

Questa attrazione reciproca arricchirà i vostri incontri di viaggio, poiché vi permette di imparare (oltre che insegnare) qualcosa di nuovo sul vostro paese a mano a mano che incontrate i vostri vicini di casa nel mondo.

> Andarsene da casa è una specie di perdono e, quando si arriva tra sconosciuti, ci si stupisce del fatto che sembrino persone per bene. Nessuno vi deride o spettegola su di voi, nessuno invidia i vostri successi o gode per le vostre sconfitte. Dovete ricominciare, è una specie di redenzione.
>
> GARRISON KEILLOR, *LEAVING HOME*

DOMANDE E RISPOSTE
SUI RAPPORTI TRA CULTURE

Come faccio a incontrare gli abitanti del luogo durante i miei viaggi?

Nella vita di tutti i giorni, incontrare gli abitanti del luogo non sarà quasi mai un problema. Dai venditori negli aeroporti fino ai pastori sui monti più remoti, raramente resterete da soli quando viaggiate. Tuttavia è importante ricordare che la natura dei vostri rapporti con questi «vicini» non sarà sempre la medesima in ogni situazione.

Per esempio, la gente si comporterà in modo diverso con voi a seconda del vostro sesso. A dire il vero, se quasi tutto quello che dico in questo libro si riferisce ugualmente a uomini e donne, i rapporti sociali sono un'eccezione rilevante, perché le donne che viaggiano tendono a essere, con maggiore frequenza, oggetto di curiosità, molestie e discriminazioni. Nelle culture più tradizionaliste, per una donna dimostrarsi gentile e guardare negli occhi il proprio interlocutore può essere interpretato in modo sbagliato dagli uomini, e in molte parti del mondo l'indipendenza femminile viene confusa con la disponibilità sessuale. Non è giusto, ma è la realtà, perciò è meglio che le donne stiano in guardia. Le guide migliori danno consigli e indicazioni sui codici d'abbigliamento, e se magari non è piacevole indossare un chador in un posto come l'Iran – specialmente considerando che gli uomini possono vestire all'occidentale –, questa esperienza vi permetterà di conoscere più a fondo la vita delle donne in quella parte del mondo. Inoltre, nelle società più conservatrici, essere donna presenta spesso vantaggi sociali. La mia permanenza di cinque mesi in Medio Oriente è stata molto interessante ma, per esempio, la separazione tra i sessi dei paesi islamici non mi ha mai permesso di vedere come vivono e pensano le donne arabe, e ho finito per invidiare le viaggiatrici donne che – nonostante le molestie occasionali da parte dei dongiovanni del posto – potevano avere incontri interessanti sia con uomini sia con donne.

A parte il sesso, poi, la natura dei vostri rapporti con gli abitanti locali dipenderà da *dove* state viaggiando. A rischio di sembrare ridicolmente riduttivo, vorrei sottolineare due ambiti sociali che i viaggiatori possono frequentare: le aree per turisti e quelle non per turisti. Entrambe presentano buone opportunità per intrecciare rapporti umani autentici, ma è importante distinguere tra le due, perché la gente tende a considerarvi in modo diverso in ognuna di esse. I codici di comportamento, ovviamente, valgono però per entrambi gli ambiti sociali. Inoltre, in ogni buona guida troverete informazioni sugli usi e i costumi locali, compresi elementi di base come il linguaggio del corpo, i codici d'abbigliamento, le mance e le maniere a tavola.

Che cosa sono le «zone turistiche» e in che modo influenzano i miei rapporti con gli abitanti del luogo?

Indipendentemente dal fatto che vi consideriate dei «turisti» o, al contrario, dei «viaggiatori» (una distinzione stupida di cui parlerò più avanti), inevitabilmente passerete molto tempo in zone turistiche, che comprendono aeroporti, alberghi, stazioni di autobus e treni, centri cittadini, siti d'interesse storico, parchi naturali, monumenti nazionali e tutti quei luoghi in cui i viaggiatori si radunano in massa.

In queste zone turistiche molti abitanti del luogo si

mostreranno amichevoli per rifilarvi una stanza d'albergo o vendervi souvenir. Per quanto ciò possa seccarvi, questa strategia non è necessariamente frutto di un calcolo o di un imbroglio capitalistico. Tutto sommato, l'industria ufficiale del turismo è derivata dall'ospitalità tradizionale e molti autoctoni provano per voi un interesse autentico, anche quando cercano di vendervi qualcosa. Ecco perché gran parte dei vostri contatti iniziali avverranno con persone che offrono un servizio: tassisti, impiegati di ostelli, negozianti. Molti vi apprezzeranno solo per il vostro denaro – perché, in effetti, è quello che dà da mangiare alle loro famiglie – ma altrettanti avranno molto di più da offrire, in termini di amicizia e di orientamento culturale. Di tutta la gente del luogo che ho frequentato quando ero in Egitto, il mio amico più sincero era un impiegato d'albergo, un egiziano che mi accompagnava al cinema e al mercato durante il suo tempo libero. Di tutte le persone che ho conosciuto in Birmania, quella che mi ha insegnato più cose sulla cultura locale è stato un conducente di *trisciò* che, dopo avermi fatto fare un giro a pagamento nell'area di Sagaing, mi ha portato a casa sua e mi ha presentato la sua famiglia, insistendo affinché dormissi gratis nel monastero locale.

Naturalmente, in virtù del gran numero di turisti, non tutti gli impiegati d'albergo o i conducenti di *trisciò* avranno interesse a stringere rapporti di vera amicizia con voi. «Il turismo può essere un ponte per valutare la relatività culturale e per favorire la comprensione internazionale» ha scritto Valene L. Smith in *Hosts and Guests: The Anthropology of Tourism*. «Tuttavia, fornire servizi ai turisti è un'attività monotona e ripetitiva e, benché le domande poste da ogni visitatore siano 'nuove', i padroni di casa spesso si annoiano a morte». Oltre a ciò, non potete nemmeno pretendere che i rapporti personali siano sempre qualitativamente migliori delle transazioni economiche quando, in un paese straniero, avrete a che fare con altre persone. In Australia un sondaggio ha rivelato che, in realtà, ai viaggiatori sinceri gli aborigeni preferiscono i rapporti impersonali con i turisti di massa, perché gli autobus carichi di gruppi organizzati spesso comprano più souvenir e fanno meno domande fastidiose. «Sappiamo apprezzare le ragioni e la buona volontà dei turisti che cercano un maggior coinvolgimento con le popolazioni locali – ha osservato lo studioso di turismo Erve Chambers –, ma è disarmante scoprire che alcune di esse preferiscono accontentarsi dei soldi dei turisti e poi starsene in pace».

Anche quando il vostro rapporto con gli abitanti del luogo è chiaramente impersonale e basato su transazioni economiche, badate di rispettare sempre le regole elementari di buona educazione. Esercitate i muscoli per sorridere, tirate fuori il vostro charme e cercate di abbandonare le vostre convinzioni culturali su come vi debbano trattare gli altri. La maggior parte delle società, dopo tutto, non conosce i rigorosi standard americani del *customer service* e pochi popoli, nel resto del mondo, fanno dei propri «diritti individuali» un feticcio come facciamo noi nell'Occidente industrializzato. Mettetevi nei panni di un autoctono prima di giudicarlo per le sue azioni e non perdete la calma se al ristorante sbagliano un ordine o se un autobus arriva in ritardo. Anche quando trattate con bottegai insistenti o venditori aggressivi, un «no, grazie» fermo e gentile è sempre meglio di un rifiuto secco e stizzito. Sforzatevi di non perdere mai l'autocontrollo quando siete in un'altra società, per quanto stanchi e frustrati, perché un comportamento del genere non potrà che peggiorare la situazione. Cercate di non ottenere con la forza o con la manipolazione ciò che volete e, naturalmente, non permettete che siano i venditori a forzarvi, manipolarvi o a usare il «senso di colpa» per spingervi a comprare qualcosa che non desiderate. Se le cose volgono al peggio, limitatevi a ignorare chi vi dà fastidio.

Tutti i malintesi e i dissapori che sorgono tra viaggiatori e abitanti locali ruotano attorno al denaro. Perciò, se da un lato quando si viaggia è importante essere parsimoniosi, è altrettanto importante non lasciarsi ossessionare dal budget. Una cosa è spendere il denaro con oculatezza, un'altra è litigare per spuntare il prezzo più basso possibile in paesi in cui il reddito annuo medio è inferiore al costo del vostro biglietto aereo. Ricordate sempre che evitare a tutti i costi le spese non è di per sé una virtù, specialmente se vanno a diretto beneficio delle famiglie del luogo. Da un lato, è giusto conoscere il prezzo corrente dei prodotti e servizi locali perché – anche se i prezzi vi sembreranno economici rispetto a quanto paghereste a casa vostra – pagarli di più non fa che confondere il venditore, il quale alzerà i prezzi per quelli che verranno dopo di voi. D'altro canto è difficile simpatizzare con un viaggiatore di un paese industrializzato che trova il modo di star via un altro mese andando a dormire nella foresta e scroccando passaggi in un paese del Terzo Mondo.

Una regola d'oro per spendere coscienziosamente il proprio denaro è guardare come si comporta la popolazione locale. Non solo vi aiuterà a capire i prezzi e le abitudini, ma vi darà indicazioni su altri aspetti, dal modo di contrattare a come comportarvi con i mendicanti. E anche se, di tanto in tanto, verrete «spennati» in quanto stranieri, ricordatevi che anche questa è una tradizione consolidata nel tempo. Tutto sommato, il commercio tra diverse culture è una delle forme più antiche di scambio pacifico che esistano sulla terra, e pagare tre dollari in più una maschera da demone – come è capitato a me in Mongolia – è certamente preferibile ad altre alternative storiche, come essere fatti a pezzi alle porte della città.

E nelle zone non turistiche?

Se vi allontanate dalle zone turistiche, l'aspetto più imbarazzante della vostra visita non sarà l'interesse della popolazione locale per i vostri soldi, ma il loro interesse per *voi*. In zone dove non si vedono molti stranieri, la vostra presenza farà letteralmente fermare l'attività nelle strade. I bambini strilleranno e vi indicheranno, i giovani grideranno «hello», gli adulti si stupiranno per la vostra pelle, i vostri capelli, la vostra altezza e i vostri vestiti. Quando vi fermerete per riposare o mangiare, intorno a voi si radunerà la folla a guardare con forte curiosità quello che fate. Talvolta vi stupirà – e vi estenuerà – la capacità della gente di interessarsi a voi per ore di fila. Una volta, mentre attraversavo la frontiera nordoccidentale della Cambogia, ho goduto di una celebrità simile in un villaggio chiamato Opasat. Tale fu la curiosità di una donna anziana quando mi vide che mi strappò i sandali misura 46 e cominciò a tirarmi gli alluci. In un primo momento pensai che fosse una tecnica di massaggio, finché non m'infilò una mano nella camicia e prese a tirarmi i peli intorno ai capezzoli.

Naturalmente non tutti gli incontri al di fuori delle zone turistiche scateneranno la curiosità antropologica degli abitanti del luogo. Alcune delle persone che si interesseranno a voi proverranno dai ceti medi urbani e vorranno sapere le vostre opinioni sullo sport, sulla politica o sulla cultura popolare. E se gli autoctoni vestiti all'americana non corrispondono alle vostre fantasie esotiche, ricordatevi comunque che anche loro fanno parte della società che vi ospita. Nonostante i timori diffusi dalla globalizzazione, le Nike e Internet non hanno trasformato i ceti medi di tutto il mondo in cloni degli americani, e un qualunque uomo d'affari di Lima vi può offrire uno scorcio del Perú altrettanto autentico di quello offerto da un contadino che coltiva patate sulle Ande. Anzi, gli incontri più interessanti saranno proprio quelli con gli autoctoni che esercitano la vostra stessa professione. Indipendentemente dal fatto che siate uno studente, un web designer o un camionista, è sempre affascinante (e istruttivo) stringere amicizia con qualcuno che fa il vostro stesso lavoro. Essendo stato io insegnante, ho apprezzato molto quando in Ungheria, in Libano o nelle Filippine gli insegnanti del luogo mi hanno chiesto di partecipare alle loro lezioni di inglese.

Vi stupirà notare quanto sia facile conoscere gli abitanti del luogo semplicemente passeggiando con il sorriso in volto, ma questo non è sempre un metodo sicuro per interagire con gli altri in ambienti nuovi. Talvolta gli abitanti locali sono un po' timidi o confusi, perciò è meglio sapere come coinvolgerli. Un buon approccio è avvicinarsi e chiedere se conoscono un buon ristorante. Anche se non verrete capiti, la maggior parte di loro sarà interessata e cercherà di aiutarvi o, in molti casi, andrà a chiamare quello che, in tutto il quartiere, parla meglio l'inglese (di solito uno studente adolescente o un anziano che ha viaggiato un po'). I luoghi pubblici d'incontro, come i caffè, i bar e le sale da tè, sono sempre il punto ideale per mischiarsi con gli altri e fare conoscenza, perché la caffeina e l'alcol stimolano sempre la gente ad aprirsi e a chiacchierare. Anche lo sport e la musica sono strumenti fantastici, nel caso in cui vogliate mettere in mostra le vostre abilità musicali o atletiche (o la loro assenza). In questo modo in Thailandia ho perso innumerevoli partite di pallavolo, ma in compenso ho guadagnato un sacco di amici.

Molti per rompere il ghiaccio usano la macchina fotografica, anche se è sempre meglio chiedere il permesso prima di fotografare qualcuno e, soprattutto, mantenere sempre la promessa di mandargli una copia della fotografia! D'altro canto, non trascurate mai di portarvi dietro fotografie che raffigurano voi stessi, la vostra città e la vostra famiglia, in modo da poterle mostrare alle persone che incontrate per strada. Queste foto forniscono buoni argomenti di conversazione (o oggetti ricordo, se ne avete parecchie copie) e, inoltre, vi renderanno umani agli occhi di persone che altrimenti potrebbero considerarvi alla stregua di animali esotici. Una volta, attraversando il deserto occidentale in Egitto con un taxi collettivo, mi trovai seduto accanto a un signore musulmano che cominciò a rimproverarmi a lungo sui valori «decadenti» dell'America. Dopo che la mia difesa verbale dello stile di vita americano si dimostrò vana, cambiai argomento e tirai fuori le fotografie dei miei genitori, di mio nonno e dei miei nipotini. Poco dopo l'uomo mi stava rivolgendo un sacco di domande serie e sinceramente interessate sulla vita negli Stati Uniti. Se prima ero solo un altro infedele abbronzato e con i calzoncini corti, le mie fotografie avevano creato un terreno comune, dimostrando che anch'io tenevo alla mia famiglia come lui alla sua.

Un ultimo sistema a prova di bomba per attaccare bottone con la gente per strada è giocare con i bambini del luogo. Diversamente dagli adulti, i bambini non si lasciano intimidire dalle barriere linguistiche e si divertiranno se farete delle smorfie, si uniranno ai vostri giochi improvvisati e canteranno insieme a voi. Tuttavia, quando avete a che fare con i bambini, ricordatevi che i migliori regali che potete far loro sono il vostro tempo e la vostra energia. Alcuni viaggiatori regalano penne o caramelle, pensando forse di mostrare buona volontà o di promuovere l'alfabetizzazione, mentre il loro comportamento incoraggia solamente i bambini a mendicare penne e caramelle da chi verrà dopo di loro.

Come superare le «barriere linguistiche»

L'inglese è diventata la lingua franca di gran parte del mondo. Anche se non troverete sempre persone che lo parlano correntemente, avrete comunque modo di conoscere qualcuno (spesso studenti) che sa dire qualche frase. Tenete ben presente che molti conoscono l'inglese solo dai libri e non perché lo hanno parlato o sentito parlare, cosicché non sanno esattamente come suonano le parole. Cercate di sviluppare l'orecchio per l'«inglese di Tarzan» e tenete a mente che è comunque molto più chiaro della vostra versione «alla Tarzan» della lingua locale. Fate i complimenti a chiunque sia tanto coraggioso (e disponibile) da provare il suo inglese con voi e cercate di sviluppare la vostra capacità di chiacchierare di argomenti interculturali, che comprendono temi semplici, alla portata di chiunque, come la famiglia, il cibo, gli hobby, la vita sentimentale o lo stato coniugale.

Anche le guide linguistiche tascabili possono aiutarvi a comunicare e vi capiterà di condurre intere conversazioni (anche se lente) sfogliando le pagine del vostro frasario. Indipendentemente dalla vostra destrezza nell'apprendere nuove lingue, non è mai troppo complicato mandare a mente qualche parola e qualche frase. I pomeriggi oziosi e i lunghi percorsi in autobus vi daranno ottime occasioni per cominciare a memorizzarle. Le espressioni utili da cui cominciare includono: *Ciao*; *per favore* e *grazie*; *sì* e *no*; i numeri da uno a dieci e i numeri cento e mille; *quanto?*; *dov'è? Nessun problema!* Altre parole utili da imparare sono: *albergo, stazione degli autobus, ristorante, bagno, buono, cattivo.* Tutti i termini che riuscirete a imparare divertiranno la gente del luogo: basta che non impariate cose blasfeme o offensive. Inoltre, un improvvisato linguaggio dei segni e qualche smorfia vi aiuteranno molto a far capire quello che volete. Però, che usiate la comunicazione verbale o visiva, i vostri sforzi provocheranno sempre un sacco di risate, perciò preparatevi a ridere anche voi!

Come devo rispondere alle offerte di ospitalità?

In una zona turistica, offerte del genere vi devono sempre mettere all'erta, perché potrebbe trattarsi di un imbroglio o, bene che vada, di un lungo viaggio fino al negozio di souvenir dello «zio» di chi vi ospita. Allo stesso modo, le donne che viaggiano da sole in società conservatrici devono valutare con molta circospezione le offerte di ospitalità.

In molte altre circostanze, invece, l'ospitalità è una forma elementare di incontro tra esseri umani ed è sempre una soddisfazione condividere un pasto o passare la notte con la gente del luogo. È interessante notare che ho ricevuto gran parte di questi inviti da individui o famiglie che hanno uno standard di vita piuttosto basso. Poiché ospitare qualcuno di relativamente «ricco» per certi popoli è questione di orgoglio, non insultateli con un rifiuto ostentato e pieno di sensi di colpa o con l'offerta magnanima di pagare. Accettate invece la loro offerta, ma portate un semplice dono: qualcosa comprato al mercato locale, una bottiglia o dei souvenir da casa. Prima di regalare qualcosa ai bambini, chiedete il permesso ai genitori. Siate sensibili e rispettosi nei confronti di chi vi ospita e non abbiate paura di assaggiare un po' di arak o di stufato di capra, anche se normalmente siete astemi o vegetariani. E, naturalmente, non approfittate della tradizione dell'ospitalità: a volte è deprimente vedere certi viaggiatori che sfruttano la generosità locale o la danno per scontata.

Da viaggiatori e ospiti di un'altra cultura, imparate a ricambiare i favori, individuando le situazioni di bisogno e praticando altrove la generosità (anche con altri viaggiatori), man mano che vi spostate da un luogo all'altro. Gli ungheresi che mi davano dei passaggi quando giravo per l'Europa Orientale non mi hanno mai fatto pagare la benzina, cosicché il loro esempio mi ha spinto a dare venti dollari a un giapponese che, a Vienna, aveva perso la cintura con i soldi. È probabile che quel giapponese sia stato a sua volta incoraggiato a dimostrare altrove la sua buona volontà. Così, anche in modo indiretto, cercate di dare tanto quanto ricevete, anche se questo significa diventare più generosi una volta tornati a casa.

E se mi stanco di incontrare gente mentre viaggio?

Se ne avete abbastanza di compagnie esotiche, prendetevi una pausa. Andate in giro con altri viaggiatori o infilate il naso in un libro per un po'. Incontrare gli abitanti locali può dare soddisfazioni, ma ciò non significa che dobbiate cercare maniacalmente nuove amicizie ovunque andiate. Lasciate che le cose accadano. Mantenete i rapporti umani su un piano diretto, da persona a persona, e non «acquistate» queste esperienze come se fossero souvenir. Anche se vi trovate in una situazione sociale davvero straordinaria – sia questa una colazione con delle star di Hollywood, un pranzo con dei guerriglieri congolesi o una cena con i cacciatori di teste di Papua –, cercate di godervi il momento e di non pensare al tipo di storia che racconterete quando ritornerete a casa.

INDICAZIONI E PROPOSTE

GLI ASPETTI CULTURALI

- Comprendere gli usi e i costumi di un altro paese può essere davvero difficile. In alcune società, per esempio, è una forma di cortesia pulire il piatto quando si è finito di mangiare, mentre in altre è più gentile lasciarvi un poco di cibo. Anche il linguaggio del corpo può creare confusione, perché in alcune culture sarete considerati maleducati se mangiate con la mano sinistra, se terrete le mani in tasca o se farete un cenno a qualcuno col palmo della mano rivolto verso l'alto. Una buona guida vi darà suggerimenti specifici per questo genere di cose.
- La maggior parte delle società è più conservatrice della nostra e, quando viaggiate, è buona norma rispettare i codici di comportamento locali, anche se non li condividete. Rispettate sempre il decoro nei luoghi sacri, anche se non siete religiosi. E se siete coinvolti in una storia d'amore appassionata, cercate di evitare esibizioni pubbliche d'affetto.
- Non stupitevi se in alcune società le persone vi pongono domande apparentemente indiscrete. Argomenti come l'età, il reddito e lo stato coniugale non sono tabù in molte parti del mondo, quindi non of-

fendetevi. Spesso qualcuno vi chiederà che cosa pensate del suo paese. Per evitare di offendere i vostri ospiti cercate di non esprimere opinioni, e fate domande sulla loro cultura. La maggior parte della gente sarà lusingata dalla vostra curiosità e felice di insegnarvi qualcosa sul suo paese.

VAGABONDING AL FEMMINILE

È quasi inutile dire che le donne possono andare negli stessi posti e fare le stesse cose che fanno le loro controparti maschili. Non soltanto esiste tutto un corpus letterario che lo dimostra, ma anche una visita rapida in qualsiasi scenario di viaggio in tutto il mondo rivelerà un numero simile di viaggiatori e viaggiatrici. Però, malgrado questa apparente uguaglianza, le donne devono affrontare alcune difficoltà specifiche quando si spostano da un luogo all'altro.

Sicurezza

- La maggior parte delle strade all'estero sono altrettanto sicure, se non più sicure, di quelle del vostro paese. Tuttavia, come quando siete a casa, dovete fare attenzione a dove andate. Usate i manuali e il passaparola per sapere quali zone evitare e non camminate mai da sole di notte. State sempre in guardia, osservando ciò che vi sta attorno, specialmente di notte.
- Mostratevi sicure di voi stesse, anche quando non lo siete. Non date l'impressione di essere smarrite – anche se lo siete davvero – e non fermatevi in mezzo alla strada con in mano la cartina, poiché i delinquenti e i molestatori lo prenderanno come un invito ad «aiutarvi».

- Quando viaggiate da sole, diffidate delle offerte di ospitalità, soprattutto se vi portano lontano da zone pubbliche e sicure. In albergo, abituatevi a chiudere sempre a chiave la porta e fatevi venire qualche sospetto se qualcuno bussa a notte fonda.
- In gruppo si è più sicuri. Anche se viaggiate da sole, non è difficile trovare la compagnia di altri viaggiatori o viaggiatrici, nel caso in cui si renda necessaria.

I rapporti con gli uomini

- La maggior parte degli uomini nelle varie società del mondo sono corretti e rispettosi verso le donne che viaggiano, ma esistono sempre le eccezioni sgradevoli. Prima o poi verrete infastidite, perciò preparatevi a neutralizzare la molestia con un atteggiamento pragmatico, senza farvi coinvolgere emotivamente.
- Il modo migliore per evitare di essere molestate nelle società più conservatrici è quello di adottare il codice di abbigliamento locale. Inoltre, non fa mai male smorzare la vostra gentilezza abituale quando siete in viaggio, perché ci sono momenti in cui un sorriso gentile o un «grazie» metteranno in testa agli uomini delle idee sbagliate. Se un uomo ci prova senza che voi lo vogliate, respingetelo con fermezza e senza ambiguità. Se insiste o diventa aggressivo (e specialmente se cerca di mettervi le mani addosso) un «NO!» gridato ad alta voce lo imbarazzerà richiamando su di lui l'attenzione generale. Spesso potrete evitare queste attenzioni indesiderate dicendo che il vostro fidanzato, grande e grosso, sta per tornare da un momento all'altro. E anche se non ne avete uno, il vostro molestatore non rimarrà lì ad aspettarlo.

- Molte zone turistiche (in particolare le spiagge) sono piene di dongiovanni, sempre desiderosi di entusiasmarvi con dichiarazioni d'amore. Se cercate una scappatella, benissimo, ma non lasciatevi incantare e attirare in situazioni spiacevoli. Chi va a caccia di turisti ha i suoi secondi fini, quindi tenetevi stretto il portafoglio, oltre che il cuore.

I rapporti con le donne del luogo

- Non pensiate mai di avere più cose da insegnare voi alle donne del luogo che non viceversa. Nelle società più conservatrici, in fin dei conti, le teorie femministe sono in gran parte inutili, perciò il modo migliore per ottenere la solidarietà di una donna è starla ad ascoltare e cercare di comprendere la sua concezione del mondo e il suo stile di vita.
- A volte basta che vi mostriate socialmente aperte e libere per alienarvi le loro simpatie. Perciò sforzatevi di imitare il modo in cui le donne si vestono e si comportano con gli uomini nella cultura che vi ospita. Dopo tutto è molto più probabile che una donna vi conceda la sua ospitalità se è sicura che non siete una bambola straniera venuta a indurre i suoi uomini in tentazione.

Journey Woman
www.journeywoman.com
Il portale di riferimento in lingua inglese.

Per me sola
www.permesola.com
Sito con articoli, proposte, racconti e una bacheca di scambio per donne in viaggio.

In viaggio da sola
www.inviaggiodasola.com
Simile al precedente, forse più commerciale.

VOCI

«L'aforisma secondo cui 'La mappa non è il territorio' mi sembra sempre più vero a mano a mano che mi perdo nei meandri di una cultura e rinuncio alla speranza di capire, mentre tra di noi crescono l'amore e la stima».

ELDON HAINES, 70 ANNI,
SCIENZIATO DELLA NASA, OREGON

«Incontro gli abitanti del luogo e la considero un'avventura. È la gente a interessarmi. Una volta sono stato ospite per tre giorni di una famiglia maya tra le montagne e sono stato l'invitato d'onore del villaggio e in chiesa. Non parlavano né inglese né spagnolo, solo la lingua ixil dei Maya. Ho imparato che nel mondo alla maggior parte delle persone bastano le cose elementari della vita e che tutti vogliono essere felici con la loro gente».

DAN O'BRIEN, 62 ANNI,
PESCATORE, ALASKA

«La gente che s'incontra per strada è la tua finestra sul mondo. Dai compagni di viaggio puoi apprendere tanto sulla loro società d'origine quanto su quella in cui vi trovate».

DEAN BRAGONIER, 29 ANNI,
UOMO D'AFFARI, MASSACHUSETTS

PROFILI

John Ledyard

Vide che se qualcuno sembrava folle non erano i cannibali dell'isola, gli aleuti incrostati di grasso e i tartari dal cuore di pietra, bensì colui che li osservava. Vide che il vero straniero era il viaggiatore.

LARZER ZIFF, *Return Passages*

Poco prima che Lewis e Clark esplorassero con successo l'Ovest americano, un americano altrettanto intrepido esplorò il mondo. Il suo nome era John Ledyard e fu uno dei primi – e più instancabili – «vagabondi».

Nato nel 1751, Ledyard studiò all'università di Dartmouth con l'intenzione di diventare un missionario tra gli indigeni d'America. Invece di fare proselitismo, però, finì per imparare le tecniche utilizzate nelle foreste selvagge e, all'età di ventitré anni, abbatté un pino, lo trasformò in una canoa e navigò per oltre centocinquanta chilometri fino al mare. Da allora non si voltò più indietro e si lanciò in avventure come salpare con la spedizione pionieristica di capitan Cook nel Pacifico e andare a piedi dalla Svezia alla Siberia. Nei suoi viaggi, Ledyard si faceva un punto d'onore di mescolarsi con le civiltà autoctone, non per poterle romanticizzare, ma per comprendere come percepissero la realtà.

In *Return Passages*, il critico Larzer Ziff attribuisce a Ledyard un tipo particolare di tolleranza sociale e di accettazione, una caratteristica che tutti i «vagabondi» farebbero bene a imitare: «Sembrava il perfetto democratico, a proprio agio con quelli che erano considerati i suoi superiori, eppure privo di presunzione, sicuro di sé ma non arrogante; inoltre possedeva modi urbani che aveva acquisito più attraverso il contatto con gli uomini del mondo primitivo che con quelli della città e – cosa più importante – era in grado di accettare le mortificazioni, sapeva sopportare per poter andare avanti».

7

Lanciarsi nell'avventura

> A volte dobbiamo fuggire nelle
> solitudini aperte, nell'assenza di scopi,
> nella vacanza morale consistente nel
> correre puri rischi, per affilare la lama
> della vita, per saggiare le difficoltà
> ed essere costretti a sforzarsi
> disperatamente, vada come vada.
> GEORGE SANTAYANA,
> *The Philosophy of Travel*

Qualche centinaio di anni fa, i «viaggi d'avventura» comprendevano spedizioni coraggiose nella *terra incognita*, i paesi misteriosi che si trovavano al margine del mondo conosciuto e che si pensava fossero abitati da mostri e sirene. A mano a mano che queste zone sconosciute sono state esplorate, la *terra incognita* si è ridotta e, a poco a poco, i limiti fisici del mondo hanno cessato di essere un segreto mitologico. Quando nel diciottesimo secolo le esplorazioni del capitano Thomas Cook dimostrarono che nel Pacifico del Sud non esisteva alcun grande continente, non fu più possibile «navigare fuori dalle carte geografiche» e da allora la gente non sa più definire che cosa sia l'avventura. Di conseguenza, con ogni nuova scoperta e con ogni passo verso lo sviluppo avvenuto negli ultimi due secoli, si è dichiarata conclusa l'avventura, dall'esplorazione dell'Africa interna all'ascesa dell'Everest compiuta da Hillary e Norgay.

Negli ultimi anni il concetto stesso di viaggio d'avventura è stato definito una farsa illusoria. Nel 2001, quando il milionario Dennis Tito sborsò venti milioni di dollari per andare nello spazio con un gruppo di cosmonauti russi, i sapientoni hanno mugugnato con aria sdegnata. «Un turista nello spazio è il ritratto di un'epoca in cui sono pochissimi i posti dove *non* si possa andare in cerca di avventure» ha scritto H.D.S Greenway, redattore del *Boston Globe*. «Non ci sono villaggi dell'Himalaya o radure nella giungla del Borneo che, per quanto remoti, siano fuori dalla portata dei turisti».

> Esplorare non significa tanto coprire una distanza in superficie, ma studiarla in profondità: un episodio fuggevole, un frammento di paesaggio o un'osservazione colta al volo potrebbero costituire l'unico mezzo per comprendere e interpretare delle zone che altrimenti resterebbero prive di significato.
>
> CLAUDE LÉVI-STRAUSS, *TRISTI TROPICI*

Con ciò si presuppone che l'avventura sia ancora un'azione puramente *fisica*, un rituale con il quale si pone una ruvida distanza tra sé e casa propria. Senza l'esca di una *terra incognita* che ci attiri – è il pensiero corrente – l'eredità dei viaggi d'avventura è diventata appannaggio di chi si arrampica sui monti, s'immerge alla ricerca di relitti o attraversa la giungla. Specialmente in America, dove sembra che nessuna esperienza sia degna di attenzione a meno che possa essere misurata, contestata o trasmessa in televisione, l'avventura moderna è associata agli sport estremi, come l'arrampicata sul ghiaccio, lo *street luge* o la corsa di resistenza a grandi altitudini.

È tutto molto divertente, ma ogni «vagabondo» con un po' di sale in zucca vi dirà che la vera avventura non è qualcosa che si può catturare sullo schermo o che si può vendere come una merce. È vero che le agenzie turistiche hanno diviso i «viaggi avventurosi» in varie categorie – rafting, montagna, skydiving e così via – ma questo non significa che dobbiate abboccare anche voi. Di per sé non vi è nulla di sbagliato negli sport estremi e nelle spedizioni organizzate, ovviamente, ma la vera avventura non è qualcosa che si possa descrivere in opuscoli patinati o in riviste sportive. Infatti, vivere l'avventura significa spesso uscire e lasciare che le cose accadano in un ambiente nuovo, strano e sorprendente. Si tratta insomma più di una sfida psicologica che fisica.

Quale esperienza, per esempio, richiederà spirito d'adattamento e resistenza: aggregarsi a una spedizione guidata su una montagna andina, in cui per strada sarà possibile mangiare timballo di tacchino scongelato e chiamare la famiglia col satellitare una volta arrivati in cima, oppure restare qualche settimana in un villaggio boliviano e imparare l'artigianato locale senza conoscere nemmeno la lingua del luogo? Qual è la vera avventura: spendere tremila dollari per volare con un MIG sulla penisola di Kamchatka o spendere la stessa cifra per esplorare in treno e in motocicletta le città e i villaggi della Siberia? Conoscere il vostro insegnante di immersioni subacquee in Sudafrica vi arricchirà di più da un punto di vista personale che non chiacchierare con uno sconosciuto a dieci minuti da casa vostra? In effetti, in che cosa consiste l'*avventura* quando si viaggia così lontano e si fanno cose così ardite se, come qualsiasi banale consumatore, si scelgono le proprie esperienze in anticipo e si affrontano con aspettative ben definite?

Il segreto dell'avventura non consiste nel cercarla con attenzione, ma nel viaggiare in modo tale che sia lei a trovarvi. Per questo dovete innanzitutto superare le abitudini protettive che avete a casa vostra e aprirvi all'imprevisto. Quando comincerete a praticare questa apertura mentale, scoprirete presto l'avventura nella semplice *realtà* di un mondo che sfida le vostre aspettative. Molto spesso vi renderete conto che l'«avventura» è una scelta a cose fatte, un modo di decifrare un evento o un'esperienza che non riuscite a spiegare del tutto.

In questo modo, durante il vagabonding l'avventura diventa una parte della vostra vita quotidiana. «Sin dal primo passo – ha scritto Tim Cahill – sappiamo che spesso viaggiare significa affrontare la nostra paura dell'ignoto e dello sconvolgente: la testa di gallo nella zuppa, il margine irregolare di un timore indefinito, di quel fronte roccioso che ci attira verso di sé senza che lo vogliamo e ci spinge a gettare lo sguardo nel vuoto». Man mano che le novità del viaggio diventeranno familiari, potrete continuare ad attrarre l'ignoto staccandovi dalla vostra guida, evitando le abitudini e lasciandovi prendere di sorpresa. La ricetta migliore per l'avventura è rimandare la scelta della vostra destinazione finché non siete alla stazione dell'autobus e leggete i nomi delle fermate sull'orario. Quale modo migliore di scoprire l'ignoto se non seguendo il vostro istinto?

«Tutto ciò che accade per necessità, tutto ciò che è atteso, ripetuto giorno dopo giorno, è muto – ha scritto Milan Kundera in *L'insostenibile leggerezza dell'essere* –. Solo il caso ci parla e noi ne leggiamo il messag-

---

Risvegliati prima dell'alba privo di preoccupazioni e cerca l'avventura. Lascia che la luna ti trovi lungo altri laghi e la notte ti colga ovunque a casa tua. Non ci sono campi più vasti di questi, non ci sono giochi più degni di essere giocati di questi.

HENRY DAVID THOREAU, WALDEN

gio come gli zingari interpretano le immagini sul fondo del caffè in una tazzina». Per definizione, predire la sorte significa rimanere aperti a buone e cattive esperienze. La chiave sta nel *fidarsi* del caso e nel guidarlo affinché ci insegni sempre qualcosa. Provate a fare cose che normalmente non prendereste in considerazione, sia che questo significhi esplorare un canyon a caso, accettare un invito a cena con uno sconosciuto oppure interrompere ogni attività per vivere appieno un istante. Sono queste le piccole decisioni coraggiose che non portano soltanto a nuove scoperte, ma anche a una sensazione insolita di felicità duramente conquistata.

Vi accorgerete così che l'avventura è in gran parte una questione personale. Le definizioni di avventura che io preferisco le ho trovate in una e-mail inviatami da Tom Bourguignon, un viaggiatore americano che ho conosciuto al Cairo, il quale riassumeva in questo modo il suo viaggio in Asia:

1. Mi trovavo nel Laos Meridionale con una coppia di olandesi, e una sera abbiamo fatto a gara per vedere a quali animali riuscivamo a far mangiare più falene: un gatto, un pollo, un geco o un cane.
2. Prendermi a spintoni con un pachistano grande e grosso in un bar sotterraneo di Saigon alle quattro di mattina, a causa di una lite sulle regole del biliardo, salvo poi cantare insieme, a braccetto, le canzoni dei Guns N' Roses qualche minuto dopo.
3. Scoprire una cascata nascosta nella giungla del Laos Meridionale e restare seduto lì tutto il giorno ad ascoltarne il rumore.
4. Andare a zonzo per le viuzze del Cairo con un flautista ungherese pazzo, alla ricerca di un mitico coffeeshop (probabilmente inesistente).

5. Scalare il monte Kinabalu nel Borneo, la montagna più alta dell'Asia Sudorientale, con i suoi 4100 metri. Non è una scalata difficile, ma è comunque emozionante.

Non tutti troveranno l'avventura nelle stesse situazioni bizzarre e spensierate di Tom, ma il punto è proprio questo: l'avventura è ovunque vogliate permetterle di incontrarvi e il primo passo di qualsiasi esplorazione è scoprirne il potenziale dentro voi stessi. «Esplorate le vostre latitudini più alte – ha scritto Thoreau in *Walden* –. Siate un Colombo di tutti i nuovi continenti dentro di voi, aprite nuovi canali, non di commercio ma di pensiero».

> L'uomo che è veramente buono e saggio sopporterà con dignità tutto ciò che gli riserva la sorte e trarrà sempre il meglio dalle sue circostanze.
>
> ARISTOTELE, *ETICA*

Come è accaduto con molti grandi esploratori del passato, una buona parte delle vostre avventure di viaggio vi capiterà per caso. Alcuni di questi casi saranno positivi e forieri di scoperte inattese – come quella volta in cui il treno mi ha lasciato a terra alla frontiera russo-mongola e mi sono lanciato in una corsa automobilistica scavezzacollo attraverso la Siberia nel tentativo di raggiungerlo. Altre volte, naturalmente, gli episodi di viaggio sono semplicemente terribili, come quando sono capitato in mezzo a un'epidemia di colera nel Laos Meridionale e ho finito per vomitare anche l'anima per tre giorni in un ospedale primitivo nel bel mezzo della giungla. Ovviamente, il trucco per essere veramente avventurosi è cogliere al volo tutte queste sorprese. «Le brave persone continuano a camminare qualunque cosa accada – insegna il Buddha –. Non dicono parole vane e restano uguali nella buona e nella cattiva sorte».

Tenendo questo a mente, considerate ogni nuova frustrazione – la malattia, la paura, la solitudine, la noia, i contrasti – come un'altra curiosa sfaccettatura nell'avventura del vagabonding. Imparate a fare tesoro delle vostre esperienze peggiori come se fossero capitoli emozionanti (anche se traumatici) del romanzo epico che è la vostra vita. «Gli uomini avventurosi sanno apprezzare i naufragi, gli ammutinamenti, i terremoti, gli incendi e ogni tipo di esperienza sgradevole – ha scritto Bertrand Russell – e si dicono, per esempio: 'Ah, un terremoto è così, dunque' e provano piacere nel constatare che in questo modo ampliano la loro conoscenza del mondo».

Naturalmente, conservando questo atteggiamento aperto nei confronti delle sventure, è importante che non vi lasciate trasportare e che non le *cerchiate* inconsciamente. È saggio, per esempio, mantenere un atteggiamento ottimista e avventuroso durante un attacco di malaria – come è successo a me, in un ospedale di Bangkok – ma sarebbe folle provocare una sventura simile con cattive abitudini sanitarie. Anche farsi rapinare – come mi è capitato a Istanbul – è un'esperienza che poi si può razionalizzare come parte del grande dramma del viaggio, ma è stupido abbassare le proprie difese contro i furti solo per rendere le cose più eccitanti.

Cito queste due cose – la malattia e il crimine – perché sono le disgrazie che più facilmente si possono prevenire quando si viaggia. È facile restare in buona salute, per esempio, riposandosi bene – anche se ciò significa viaggiare a un ritmo più lento del previsto –, bevendo grandi quantità di acqua in bottiglia, e curando l'igiene personale, il che include lavarsi le mani prima di ogni pasto. I vaccini prima di ogni viaggio sono fondamentali, ovviamente, ma la prevenzione delle malattie deve diventare un'abitudine quotidiana, specialmente nel modo di mangiare. Assaggiare cibi esotici – occhi di pecora bolliti, bruchi di palma fritti o guazzetto di frattaglie – deve far parte della vostra avventura, le malattie esotiche di origine gastrointestinale no. Un vecchio slogan coloniale è ancora oggi un ottimo punto di partenza quando si tratta di cibo: «Se lo potete cuocere, bollire o sbucciare, lo potete anche mangiare, altrimenti lasciate perdere». Quando mangiate in un ristorante o a un baracchino per strada, guardate sempre che ci siano molti avventori, perché è indice di cibo buono e verificate che chi ci lavora abbia l'aria sana. Accertatevi che la carne che ordinate sia ben cotta e fate attenzione al latte, che potrebbe non essere pastorizzato, al «manzo», che potrebbe non essere manzo, all'insalata, che potrebbe non essere stata lavata con acqua pura, e ai molluschi. Evitate il ghiaccio, e controllate che le bottiglie di acqua abbiano il sigillo intatto.

Quando cominciate a viaggiare non reagite ai cibi strani o agli usi insoliti mangiando di meno. Indipendentemente dalle vostre preferenze alimentari, come il vegetarianesimo per esempio, cercate di mantenere una dieta bilanciata, con molta frutta, verdura, cereali e proteine. Se in campo culinario non siete abbastanza coraggiosi – o se pensate di non essere d'accordo con quello che si mangia in certe zone – portatevi degli integratori di vitamine. Mangiate pure cibo «occidentale» ogni tanto, ma ricordatevi che il cibo di un ristorante non è

Il piacere di viaggiare è tutto negli ostacoli, nella fatica e anche nel pericolo. Che fascino possiamo trovare in un'escursione in cui siamo sempre sicuri di raggiungere la meta, di avere i cavalli che ci aspettano, un letto morbido, un'ottima cena e tutti gli agi e le comodità di cui possiamo godere anche a casa nostra? Una delle grandi disgrazie della vita moderna è la mancanza di sorprese e l'assenza di avventure. Tutto è così bene organizzato.

THÉOPHILE GAUTIER, *ESPAÑA*

necessariamente più sano (o più pulito, o più gustoso) solo perché il menu è in inglese e offre pizza, sandwich o una colazione «all'americana». A Pushkar, in India, ho mangiato in un ristorante «specializzato» in cibo indiano, messicano, cinese, italiano, greco e israeliano e non mi è sembrata una coincidenza da poco il fatto che, subito dopo, abbia avuto problemi di stomaco.

Di tutti i rischi gastrointestinali che si possono correre nei paesi esotici uno difficile da evitare è la diarrea del viaggiatore, provocata non soltanto dal cibo avariato, ma da cambiamenti generali di dieta e di clima. Il modo migliore per affrontarla è mantenere una buona idratazione e mangiare in bianco (riso, pane, yogurt) per qualche giorno, finché non migliora. Se qualsiasi tipo di malattia dura più di qualche giorno, non vi farà male esporne i sintomi a un medico o a un farmacista: in genere conoscono le malattie locali e vi prescriveranno i farmaci giusti. (Naturalmente, nel vostro bagaglio avrete già un piccolo kit di pronto soccorso con cerotti, disinfettante e nevralgesici). Se il disturbo minaccia di farsi più serio, andate nella prima città grande e cercate un ospedale.

Criminalità e truffe sono diffuse ovunque vi siano turisti, sebbene in genere non siano più pericolose che nel vostro paese d'origine. Per evitare i furti basta un po' di attenzione. Molte truffe locali sono descritte nelle guide, quindi studiatele quando arrivate in una nuova zona. Anche il passaparola tra viaggiatori è un ottimo sistema per starne alla larga.

A ogni modo, ovunque andiate, ci sono sempre alcune precauzioni elementari da osservare. Per i principianti: evitate di portare con voi oggetti costosi o insostituibili e non fate sfoggio delle vostre ricchezze. Tenete i contanti e i traveller's cheque in posti discreti (come una cintura per il denaro, una calza o una tasca nascosta) e fate attenzione alle distrazioni e alla folla, perché è in queste situazioni che agiscono i borseggiatori. Quando siete in albergo o in un ostello, tenete i soldi in più in una cassaforte, e chiedete una ricevuta.

Nelle zone turistiche state in guardia dai nuovi «amici» importuni che insistono per accompagnarvi, gratis, a fare un giro dei negozi o della città. Non accettate proposte da parte degli abitanti del luogo, o di altri viaggiatori, per guadagnare denaro in fretta, che comprendano esportazione di gemme o tappeti, rivendite di prodotti duty-free, guadagni sui tassi di cambio o droga: sono truffe note da tempo. Non girate ubriachi di notte e non fate sapere ai curiosi del luogo che vi trovate nel loro paese solo da pochi giorni, perché in questo modo vi rendete vittime designate dei truffatori: è meglio confondere un po' le acque e dire che siete lì da un mese. Però, pur facendo attenzione alle truffe e ai furti, cercate di non esagerare e di non diventare paranoici, perché sarebbe il metodo migliore per rovinarvi il viaggio. Io sto scrivendo questo libro in un tranquillo albergo della Thailandia Meridionale, per esempio, ma quando esco chiudo sempre la porta a chiave. Preferisco essere prudente piuttosto che tirare a indovinare ogni volta dove le cose sono al sicuro e dove no.

Naturalmente, anche se la prevenzione e l'attenzio-

> Non c'è ragione di diffidare del nostro mondo, perché non è contro di noi. Se ha dei terrori, sono i nostri terrori; se ha degli abissi, questi abissi appartengono a noi; se dei pericoli sono in agguato, dobbiamo tentare di amarli... Come possiamo dimenticare quegli antichi miti che narrano di draghi che, all'ultimo momento, si trasformano in principesse? Forse tutti i draghi della nostra vita sono principesse che aspettano soltanto di vederci per una volta belli e coraggiosi.
>
> RAINER MARIA RILKE,
> *LETTERE A UN GIOVANE POETA*

ne vi portano lontano, non esiste un metodo sicuro al cento per cento contro le disavventure. Se malattie o furti vi colgono di sorpresa, il modo migliore di reagire è accettare gli eventi e considerarli parte dell'avventura della vita. «La vita non ha altra disciplina da imporre, se solo arriviamo a capirlo, se non quella di accettarla senza condizioni» ha scritto Henry Miller.

Una volta che praticherete questa saggezza nella buona e nella cattiva sorte, sarete in grado di scoprire dentro di voi un genere del tutto nuovo di *terra incognita*.

INDICAZIONI E PROPOSTE

Travelclinic
https://en.travelclinic.com
È il sito del centro profilassi e vaccinazioni internazionali in lingua inglese, rivolto alla prevenzione e alla cura delle malattie dei viaggiatori. Da consultare se volete viaggiare in paesi esotici, tenendo d'occhio la situazione sanitaria.

Travel Medicine
http://travelmedicine.it
Il portale della salute dei viaggiatori in italiano, con schede paese per paese, segnalazioni e consigli.

Vaccinazioni e profilassi
http://www.viaggiaresicuri.it/salute-in-viaggio/fonti-istituzionali/ministero-della-salute.html
Il sito del Ministero degli esteri Viaggiare Sicuri si avvale della collaborazione del Ministero della Sanità per compilare una lista di paesi, obblighi vaccinali e consigli di profilassi.

VOCI

«Per me ogni viaggio all'estero è un'avventura: significa aprire la mente e sfidare l'anima. Se bisogna scalare l'Everest, be', diamoci dentro. Se bisogna fare compere in un suk, con duemila arabi che ti gridano attorno, va altrettanto bene».

Paul McNeil, 36 anni,
urbanista, California

«Avventura è estendere i propri confini. È più un processo dinamico che una realtà statica; richiede una certa fatica ed è il viaggio in sé più che il suo fine. Qualche volta vuol dire andare in un posto dove la maggior parte dei visitatori non va. Qualche volta è una giornata particolarmente difficile alla fine della quale ti capita qualcosa di buono. E poi certi posti sono magici, e rendono tutti gli sforzi degni di essere compiuti».

Charles Stone, 25 anni,
studente, California

«La vita è avventura. Il viaggio è un'avventura con un indirizzo diverso. Il detto 'chi cerca trova' in questo caso non funziona. L'avventura ha il suo modo per trovare la gente, e certa gente la trova più spesso di altri».

Wendy Wrangham, 31 anni,
giornalista, Inghilterra

«L'avventura può essere qualsiasi cosa vi faccia sorridere, prima o poi. (Magari in questo momento non sorridete, ma se sopravviverete, allora sì che sorriderete!) In realtà non cerco delle scariche di adrenalina e a qualcuno le mie avventure potrebbero sembrare noiose. Molto spesso sono le circostanze a creare un'avventura, non un posto o un'attività».

Liesl Schernthanner, 35 anni,
operaia stagionale nell'Antartico,
Idaho

PROFILI

Le pioniere del vagabonding

I viaggiatori sono privilegiati perché possono fare le cose più scorrette con perfetta correttezza. Questo è il fascino del viaggiare.

Isabella Lucy Bird (1831-1904)

Storicamente, il viaggio d'avventura è ritenuto prerogativa esclusiva di uomini rudi, da Richard Burton a Earnest Shackleton a Edmund Hillary. Passando rapidamente in rassegna i resoconti di viaggio degli ultimi duecentocinquant'anni, tuttavia, constatiamo che molti degli avventurieri più intrepidi e arguti sono state delle donne.

Mary Wollstonecraft, Isabella Lucy Bird, Alexandra David Neel, Mary Kingsley, Freya Stark, Frances Trollope, Amelia Edwards, Emily Hahn, Ida Pfeiffer, Rosita Forbes, Rose Wilder Lane, Rebecca West e Martha Gellhorn rappresentano soltanto un campione delle donne che hanno conquistato la fama con le loro avventure. Hanno viaggiato in posti esotici come l'Arabia e il Circolo Polare Artico, l'Africa e le frontiere americane.

Oltre a mandare in frantumi lo stereotipo secondo il quale sono necessari muscoli e machismo per partire verso terre selvagge, queste esploratrici hanno trovato l'avventura anche negli incontri umani e nel semplice ignoto quotidiano. Isabelle Eberhardt, che nel diciannovesimo secolo esplorò l'Africa Settentrionale, riassunse in modo baldanzoso la logica che muoveva queste pioniere: «La convinzione codarda per cui una persona deve restare in un posto ricorda troppo la rassegnazione assoluta degli animali, di quelle bestie da soma istupidite dalla servitù sempre pronte ad accettare la bardatura. Ci sono dei limiti in ogni campo e delle leggi che governano ogni potere organizzato, ma il viandante possiede l'intera vasta terra che termina solo all'orizzonte inesistente, e il suo impero è intangibile, perché il suo dominio e il suo godimento sono cose dello spirito».

Parte quarta
IL LUNGO VIAGGIO

8

Siate realisti

> Pietà e conformismo a quelli
> che ne vogliono,
> Io sono colui che a forza d'insulti
> sprona uomini, donne, nazioni,
> Gridando: Su, alzatevi in piedi,
> e lottate per le vostre vite!
> Chi siete voi che volevate vi si dicesse
> ciò che già sapevate?
> Chi siete voi che volevate soltanto
> un libro che approvasse le vostre
> assurdità?
>
> WALT WHITMAN,
> *Presso la riva dell'Ontario azzurro*

Benché ai giorni nostri sia ritenuta uno dei massimi monumenti della civiltà antica, la città perduta di Angkor era sconosciuta al mondo occidentale finché i viaggiatori francesi cominciarono a esplorare la Cambogia a metà del diciannovesimo secolo. Contrariamente alle credenze popolari, le imponenti rovine Khmer non furono scoperte e documentate per la prima volta dall'esploratore Henri Mouhot ma da Charles-Émile Bouillevaux, un prete francese che visitò il sito nel 1850. Rigidamente educato alla pietà cristiana, Bouillevaux provò un certo orrore alla vista dell'antica città di pietra, con le sue sculture voluttuose e i suoi motivi «pagani». Un anno dopo che Bouillevaux ebbe pubblicato a Parigi le sue fiacche osservazioni, Mouhot s'imbatté in Angkor e non la guardò con gli occhi della sua disciplina – era un naturalista – ma con sguardo ingenuo, colmo di meraviglia e di curiosità. Quando infine il resoconto di viaggio di Mouhot venne pubblicato, il pubblico condivise il suo entusiasmo e da allora Angkor è un luogo di studi archeologici e di pellegrinaggio.

Raccontando questa storia, si è tentati di liquidare padre Bouillevaux come uno stupido bigotto, ma la maggior parte di noi, quando viaggia, tende a commettere i suoi stessi errori. Proprio come il severo prete francese, siamo portati a osservare il nostro nuovo ambiente attraverso i pregiudizi meschini che ci portiamo da casa invece di prendere le cose per quello che sono. «In certe occasioni per i nostri occhi è più facile ricorrere a un'immagine già prodotta altre volte che cogliere le differenze e le novità di un'impressione – ha scritto Friedrich Nietzsche –. Per l'udito è difficile e doloroso ascoltare qualcosa di nuovo: ci è difficile sentire una musica che non conosciamo». Diversamente da Bouillevaux, noi non rischiamo di perdere il posto nei libri di storia se fraintendiamo le scoperte fatte durante i nostri viaggi, eppure, anche a livello individuale, è importante non guardare le cose per come ci appaiono, ma vederle per quello che sono.

Questa differenza tra guardare e vedere quando si è in viaggio si riassume spesso in due termini che si possono in qualche modo contrapporre: *turista* e *viaggiatore*. Secondo questa distinzione, i viaggiatori sono

> **La funzione del viaggio è di regolare l'immaginazione sulla realtà e, invece di pensare a come le cose potrebbero essere, vederle come sono veramente.**
>
> SAMUEL JOHNSON,
> *ANECDOTES OF SAMUEL JOHNSON*

quelli che «vedono» veramente ciò che li circonda, mentre i turisti si limitano a «guardare» superficialmente le attrazioni a loro riservate. Inoltre si pensa che i turisti manchino di profondità e gusto, cosicché la loro ricerca è considerata inautentica e disumanizzata, mentre i viaggiatori, interessati e impegnati, sarebbero esattamente l'opposto. Nell'ultimo secolo, i critici e gli scrittori di viaggio hanno ridotto questa distinzione a una serie di aforismi:

«Il viaggiatore vede quello che vede – ha scritto G.K. Chesterton negli anni Venti –, il turista vede quello che è venuto a vedere».

«Il viaggiatore era attivo e andava strenuamente in cerca di gente, di avventure, di esperienze – ha asserito Daniel Boorstin nel 1961 –. Il turista è passivo e si aspetta che gli capiti qualcosa di interessante».

«I turisti non sanno dove sono stati – ha osservato Paul Theroux vent'anni fa –, i viaggiatori non sanno dove stanno andando».

«I viaggiatori sono quelli che lasciano le loro convinzioni a casa, i turisti no» ha scritto Pico Iyer nel 2000.

Sono tutte osservazioni azzeccate, naturalmente, che hanno però inavvertitamente contribuito a guastare in modo curioso l'idea stessa che cercano di trasmettere. Infatti, la differenza retorica tra i turisti (che disprezziamo) e i viaggiatori (che vorremmo essere) è così nota da essersi trasformata in un esercizio sociale invece che in un dato dell'esperienza. Una volta, mentre ero a Dahab, in Egitto, ho parlato con un inglese che disprezzava quelli che lui chiamava «turisti». «Volano tutti a Sharm el-Sheikh e passano il loro tempo negli alberghi di lusso – diceva –. Magari prendono un autobus con l'aria condizionata per andare a vedere il monte Sinai, ma a parte questo, non fanno altro che rosolarsi al sole e mangiare pizza come farebbero a casa loro. Nessuno ha un'esperienza reale dell'Egitto». Gli ho detto, che anche secondo me questo tipo di viaggio lasciava molto a desiderare, ma quanto più quel tizio continuava a parlare, tanto più mi chiedevo in che senso lui si considerasse diverso. Dei suoi quattro mesi di viaggio ne aveva passati tre e mezzo in una capanna di canne a Dahab, dove per quasi tutto il tempo aveva fatto immersioni subacquee e fumato canne con altri viaggiatori. L'unica differenza tra il suo stile di vita e quello dei «turisti» di Sharm el-Sheikh era che lui mangiava falafel, indossava una keffiah araba a scacchi neri e viveva con otto dollari al giorno invece di duecento.

Cito questo fatto non per condannare lo stile di vita di quel tizio, ma per sottolineare come, in certi ambienti, la distinzione turista/viaggiatore sia ormai degenerata in una specie di dicotomia alla moda. Invece di cercare le sfide insite nel vero viaggio, basta semplicemente indicare qualche stereotipo di «turista», fare qualche battuta ai suoi danni e considerare noi stessi «viaggiatori» per difetto.

In realtà, il viaggio non è una competizione sociale e chi si dedica al vagabonding non ha mai rappresentato

> La maggior parte della gente sta sopra il mondo, non dentro, poiché non prova una compassione consapevole e non ha legami con nulla di ciò che le sta attorno: non si mescola, è separata e rigidamente sola, come marmi di pietra lucida che si toccano ma restano divisi.
>
> JOHN MUIR,
> THE WILDERNESS WORLD OF JOHN MUIR

una casta nella gerarchia turisti/viaggiatori. A seconda delle circostanze, un «vagabondo» sincero potrebbe essere definito pellegrino o turista, vincitore o vittima, ricercatore solitario o tendenza demografica. In effetti, la tentazione peggiore quando si tenta di distinguere tra viaggiatori e turisti è quella di creare una distinzione assurda fra chi è «in» e chi è «out» – categorie ridicole nell'ambito del viaggio, dove, per definizione, si è sempre ospiti in paesi altrui. Assumere un'aria presuntuosa e superiore può darvi dei punti in una discoteca del vostro paese, ma in viaggio servirà solo a screditare la vostra esperienza.

Invece di preoccuparvi se siete turisti o viaggiatori, il segreto per «vedere» ciò che vi circonda quando siete in viaggio è semplicemente *essere realisti*.

Può sembrare banale. «Dovunque andiate, è lì che siete» recita un adagio stupido ed *essere lì* non è un compito arduo. Il punto è che pochi di noi «sono» dove sono e, invece di vivere la realtà di un istante o di un giorno, le nostre menti e le nostre anime sono altrove, ossessionate dal passato o dal futuro, si agitano e s'immaginano altre situazioni. A casa, questo è uno dei modi per affrontare il cattivo umore quotidiano; in viaggio, è il modo migliore per perdersi proprio le esperienze che servirebbero a insegnarci qualcosa.

Ecco perché il vagabonding non dev'essere confuso con una semplice vacanza, il cui unico scopo è la fuga, tenendo presente la quale i vacanzieri tendono ad affrontare le loro ferie con severa fermezza, decisi a far sì che corrispondano alle loro aspettative. Durante il vagabonding, invece, vi disponete al lungo tragitto sapendo che il prevedibile e l'imprevedibile, il piacevole e lo sgradevole non sono separati, ma sono parte della stessa realtà. Potete cercare di adattare il vagabonding alle vostre fantasie, ovviamente, ma questa strategia serve solo a rendere ingiustificato il viaggio. A dire il vero, il vagabonding è, nella sua forma migliore, una *riscoperta* della realtà stessa.

Perciò, man mano che i giorni iniziali della vostra esperienza di viaggio si dilatano in settimane e mesi, dovete abbandonare gli stereotipi che vi eravate formati prima della partenza e sostituire alle vostre aspettative bidimensionali la gente, i luoghi e la vita reali. Questo è l'unico modo per aprire un varco oltre la cartolina statica della fantasia ed emergere nella bellezza intensa della realtà. Così, «vedere» quando viaggiate diventa una specie di esercizio spirituale: non è più cercare ambienti interessanti, ma provare un interesse continuo per tutto ciò che vi circonda.

> Per mio conto, io viaggio non per andare da qualche parte, ma per andare e basta. Viaggio per amore del viaggio. La cosa importante è spostarsi, sentire più da vicino i bisogni e i sobbalzi della vita; scendere da questo letto di piume che è la civiltà e trovarsi sotto i piedi il globo di granito, ricoperto di pietre taglienti.
>
> ROBERT LOUIS STEVENSON,
> *VIAGGIO NELLE CÉVENNES*
> *IN COMPAGNIA DI UN ASINO*

Sotto molti aspetti, accettare la realtà può essere scoraggiante, non tanto per i rischi che comporta, ma per la sua complessità. Quindi, il modo migliore di affrontarla non è con una griglia fissa di interpretazione, che vi permetterebbe di riconoscere solo i modelli che già conoscete, ma con un atteggiamento di apertura mentale.

La difficoltà di coltivare l'apertura mentale, ovviamente, è che questo stesso concetto può diventare confuso subito dopo la partenza. Viaggiando in Medio Oriente, per esempio, incontrai una canadese che aveva appena passato tre giorni in uno sperduto monastero cattolico in Siria, nelle splendide montagne desertiche fuori Damasco. La visita le era piaciuta molto, per di più non le aveva impedito di tener fede ai suoi «principi agnostici»: aveva infatti rifiutato di partecipare alle funzioni religiose quotidiane, che i monaci le avevano proposto. In qualche modo, il suo atteggiamento mi sembrò sbagliato: nei limiti ristretti e provinciali di Alberta, rifiutarsi di andare in chiesa potrebbe anche essere indice di emancipazione, ma quando si è ospiti di un monastero siriano isolato e faticosamente raggiunto, non è solo segno di ristrettezza mentale, ma anche di maleducazione. È importante ricordare che, quando si è a casa propria, ciò che passa per mentalità aperta in ambito culturale non si applica per forza alle situazioni di viaggio. Anzi, potreste vivere a Chinatown, ballare al ritmo delle melodie di Fela Kuti, indossare un sarong, suonare il didgeridoo, fare la corte a un estone e mangiare enchiladas al ristorante, ma ciò non significa necessariamente che sappiate qualcosa di quello che pensano e di come vivono gli abitanti della Cina, della Nigeria, della Thailandia, dell'Australia, dell'Estonia o del Messico.

È interessante notare che ciò che inizialmente impedisce di avere una mentalità aperta non è l'ignoranza, bensì l'ideologia. Infatti, indipendentemente dalle vostre idee politiche, non imparerete nulla di nuovo se continuerete a usare l'ideologia come una lente attraverso la quale osservare il mondo. Nel vostro paese, le convinzioni politiche sono uno strumento che vi permette di raggiungere certi obiettivi nella comunità, ma quando siete in viaggio diventano una serie di scomodi paraocchi che vi costringono a cercare prove per conclusioni che avete già tirato.

> Il Lusso, dunque, è un modo per essere ignoranti, comodamente.
> LEROI JONES, *Political Poem*

Con ciò non voglio dire che avere opinioni politiche sia errato, ma soltanto che può essere riduttivo, perché il mondo è infinitamente complesso. Se resterete troppo aggrappati alle vostre ideologie, rischierete di perdere le sfumature della realtà che la politica non riesce a spiegare. E perderete la possibilità di imparare qualcosa da chi non ha la stessa vostra concezione del mondo. Se una studentessa universitaria giapponese vi dice che trovare un buon marito è più importante dell'indipendenza femminile, non sta contraddicendo il vostro universo, ma vi sta dando l'opportunità di vedere il suo. Se un barbiere paraguaiano insiste nel sostenere che la dittatura è superiore alla democrazia, potreste imparare qualcosa mettendovi nei suoi panni e standolo a sentire. Ecco allora che avere una mentalità aperta significa ascoltare e valutare, modificando la vostra tendenza a giudicare ciò che è giusto e ciò che è sbagliato, a separare il bene dal male, il proprio dall'improprio, e avere la tolleranza e la pazienza necessarie a vedere le cose per quello che sono.

Curiosamente, un altro intralcio alla percezione della realtà è l'idealismo che ci spinge a metterci in viaggio. Quando sogniamo a occhi aperti le nostre mete, ci trasferiamo con la mente in luoghi che immaginiamo più belli, più puri e più semplici dei nostri. Quando però queste condizioni idealizzate si rivelano poco realistiche, tendiamo ad aggrapparci ai nostri sogni invece di affrontare appieno la realtà. Anzi, in alcuni casi – come nei villaggi del «turismo etnico» di cui ho parlato – la travisiamo, sottovalutando gli aspetti (come i jeans o i telefoni cellulari) che non corrispondono ai nostri ideali premoderni. In altri casi, un ottimismo eccessivamente ingenuo ci spinge a disprezzare proprio quelle culture che avevamo idealizzato. Quando vivevo a Pusan, per esempio, ho incontrato molti insegnanti che vi si erano trasferiti perché volevano «conoscere un'altra cultura», salvo poi provare amarezza quando scoprivano che la società coreana si rivelava assolutamente spietata e tutta dedita al lavoro. Queste persone vivevano davvero «un'altra cultura», ma il loro idealismo miope si rivoltava contro di loro quando si accorgevano che una società asiatica poteva essere frenetica e impersonale quanto le loro società d'origine. In questo modo, la ricerca di un Altro idealizzato rischia di essere deludente, in un mondo dove l'Altro assomiglia spesso a ciò che si è lasciato a casa propria.

E come lo scetticismo non va confuso con il cinismo, anche il realismo non va scambiato per pessimismo. Una forma particolarmente ansiogena di «pessimismo del viaggiatore» è il concetto secondo il quale gli influssi della modernità stanno distruggendo le società indigene o per cui certe culture erano più «reali» in un passato non troppo distante. Secondo questa teoria, qualsiasi società – kuna, beduina o masai – era migliore vent'anni fa, prima che venisse «rovinata». Questo pessimismo automatico, naturalmente, trascura il fatto che le società cambiano sempre e comunque, e che la «tradizione» è un fenomeno dinamico. «Non si può valutare il turismo su uno sfondo statico – ha scritto lo studioso di turismo Davydd J. Greenwood. – Una parte di ciò che noi consideriamo distruzione è in realtà costruzione, mentre un'altra parte è il risultato di una mancanza di alternative valide o di scelte che avrebbero potuto essere diverse».

Al di là di ciò, tuttavia, la nostra preoccupazione per i mali introdotti dai cambiamenti nelle società premoderne non deriva tanto da un interesse per la qualità della vita locale quanto dal nostro desiderio di conoscere una cultura «incontaminata». Come ha sottoli-

> Dell'irreale non vi è esistenza. Del reale non vi è non esistenza. Gli uomini pieni di saggezza conoscono le verità ultime sulla realtà.
>
> DALLA *BHAGAVAD GITA*

neato cinquant'anni fa l'antropologo Claude Lévi-Strauss, rimpiangere la presunta purezza del passato ci rende soltanto incapaci di comprendere la vera dinamica del presente. «Quando mi lamento dicendo di cogliere soltanto l'ombra del passato – ha scritto in *Tristi tropici* –, forse è perché sono insensibile alla realtà che sta prendendo forma in quel momento... Da qui a cent'anni, in questo stesso posto, un altro viaggiatore si dispererà come me e rimpiangerà la scomparsa di quello che potrei vedere io, ma che invece non riesco a vedere».

Quindi il modo più puro di vedere una cultura è accettarla e viverla com'è *ora* – anche se questo significa sopportare le antenne satellitari in Kazakhistan, gli Internet cafè a Malawi e i fast food in Belize. Perché, come ha replicato Thomas Merton quando gli hanno chiesto se avesse visto la «vera Asia» durante il suo viaggio in India: «È *tutto* vero, per quanto possa giudicare io».

Vale poi la pena di citare un'ultima attività che può smussare la percezione della realtà: la ricerca del divertimento quando si è in viaggio. Naturalmente, potete divertirvi in qualsiasi momento dei vostri viaggi, ma mi riferisco soprattutto a quell'istituzione fondamentale del divertimento che è la *festa*. Certo, i vostri viaggi non saranno la stessa cosa se ogni tanto non fate un po' di casino, non allentate i freni inibitori o non conoscete gente nuova. Quando andrete in viaggio per la prima volta, forse non sarete mai sazi di festeggiamenti: la compagnia vi sembrerà ottima, le bevande a buon mercato e l'atmosfera perfetta.

Trascorse le prime settimane, però, scoprirete che far festa quando siete in viaggio è diverso dal farlo quando siete a casa, dove è un modo di celebrare il weekend o di prendersi una pausa dal tran tran lavorativo; in viaggio, invece, ogni giorno è un weekend, ogni momento una sospensione del tran tran lavorativo. Perciò, abituarsi a far tardi tutte le notti – come è facile accada nei locali per turisti ovunque nel mondo – è il modo migliore per ignorare le sfumature dei luoghi, inibire la vostra creatività e restare intrappolati nelle strutture a cui eravate abituati. Certo, così facendo vi divertirete molto, ma se viaggiate per il mondo per dedicarvi alle stesse distrazioni di casa vostra, finirete per svilire la vostra esperienza di vagabonding.

Di tutte le sostanze inebrianti che potrete trovare durante i vostri viaggi – inclusa una «birra nazionale» per quasi ogni paese del mondo – la marijuana merita una menzione particolare, innanzitutto perché è molto popolare tra i viaggiatori. Gran parte della sua popolarità è dovuta al fatto che è una distrazione relativamente innocua (a meno che non vi prendano quando ne siete in possesso), che può rendere più intense certe impressioni e sensazioni. Tuttavia, il problema della marijuana è che, quando si viaggia, è l'equivalente della televisione, perché sostituisce le sensazioni reali con altre migliorate artificialmente. Siccome non vi costringe a sforzarvi per avere una sensazione, crea esperienze passive che hanno solo un vago legame con il re-

> Spesso sento che vado in zone lontane del mondo solo per ricordarmi chi sono... Quando ci si priva del proprio ambiente, degli amici, delle abitudini quotidiane, del frigorifero pieno di cibo, dell'armadio pieno di abiti, si è costretti a vivere un'esperienza diretta che, inevitabilmente, vi fa capire chi veramente sta facendo quella esperienza. Non è sempre comodo, ma rinvigorisce sempre.
>
> MICHAEL CRICHTON, *Viaggi*

sto della vostra vita. «La visione prodotta dalla droga resta una specie di sogno che non si può trasferire nella vita quotidiana – ha scritto Peter Matthiessen in *Il leopardo delle nevi* –. Sarà vero che gli antichi vapori sono stati aboliti, ma l'agente chimico alieno forma un altro vapore che mantiene la separazione dell'"io" dalla reale esperienza dell'"Uno"».

Inoltre l'euforia chimica è in grado di distrarvi dall'euforia naturale provocata dal viaggio in sé. Dopo tutto, se farsi una canna rende più piccante un pomeriggio a Dayton, in Ohio, vi pare davvero necessario farlo lungo le spiagge del lago Toba, a Sumatra, sui bacini montuosi del Nepal o sugli altipiani desertici della Patagonia?

Come diceva Salvador Dalí: «Non ho mai preso droghe, perché io sono una droga». Tenendo questa affermazione bene a mente, sforzatevi di essere *voi* la droga quando viaggiate e di accogliere con pazienza la sensazione cruda e individuale della *realtà immediata*, un'esperienza molto più emozionante di quella che potrebbe offrirvi qualsiasi sostanza.

INDICAZIONI E PROPOSTE

Il viaggio responsabile

Molto spesso «viaggio responsabile» dal punto di vista sociale e ambientale è un concetto rubato dai venditori di turismo ecologico e dai demagoghi della politica. Fortunatamente, per viaggiare in modo consapevole non occorre diventare clienti delle agenzie turistiche ecocompatibili, né tanto meno attivisti isterici: basta tenersi informati man mano che ci si sposta da un luogo all'altro. E, con tutto il parlare che si fa di sostenibilità ecologica e culturale, ben pochi *capiscono* veramente questi concetti. Conoscere la *scienza* – e non la politica – vi darà le informazioni adatte a prendere le vostre decisioni e a camminare leggeri in tutto il mondo.

Molte le pubblicazioni, anche critiche, sul turismo e la responsabilità dei viaggiatori. Segnaliamo: *Il viaggio e l'incontro. Che cos'è il turismo responsabile*, di Alfredo Luis Somoza e Maurizio Davolio (Altreconomia, 2016); *Turismo responsabile. Che cos'è e come si fa*, di Maurizio Davolio e Chiara Meriani (I manuali del Touring, 2011).

AITR Associazione Italiana Turismo Responsabile
http://www.aitr.org
La prima organizzazione per la promozione dei valori del turismo rispettoso dell'ambiente, delle comunità, dell'incontro. Un sito per informarsi sulla rete degli operatori, sulle proposte e il *vademecum* della responsabilità del viaggiatore.

EcoTurismo
https://www.ecoturismonline.net
Portale tematico di segnalazioni e articoli dedicati al viaggiare responsabile.

VOCI

«Non viaggiate per allontanarvi da un posto, ma per essere ovunque sarete quella notte. E se non siete felici di dove vi trovate o di quello che state facendo, meglio andare avanti o lasciar perdere e tornare a casa».

EAMONN GEARON, 31 ANNI,
SCRITTORE, INGHILTERRA

«Ho imparato che, alla fine della giornata, siamo più o meno tutti gli stessi: ci sono persone meravigliose e orribili in ogni società, in ogni città e villaggio del mondo. Sono diventato più realista viaggiando e ho capito che in tutto il mondo la gente ha gli stessi bisogni e gli stessi desideri elementari».

DAN NEELY, 26 ANNI,
GUIDA DI RAFTING, ARIZONA

«Mentre facevo trekking in Nepal, talvolta mi stancavo, mi arrabbiavo e non volevo dormire in una stanza sudicia vicino alla stalla con il bestiame che picchiava la testa contro il muro tutta la notte. Quando vivevo in un capanno col tetto di paglia a Yap, ogni tanto avrei voluto un po' di aria condizionata. Non mi piaceva che i venditori nel Vietnam del Nord mi mettessero le mani addosso; le gambe mi facevano male dopo essere stata rannicchiata per due giorni nella vecchia barca di legno che scendeva per il Mekong in Laos. Continuo a ricordarmi perché sto facendo quello che faccio: il mio scopo è vivere un'altra cultura per quello che è e non cercare una facile via d'uscita, non cercare di anestetizzarne l'esperienza. In generale, i disagi sono pochi e di gran lunga superati dalla gioia delle scoperte».

LINDA ROSE, 58 ANNI,
INSEGNANTE IN PENSIONE, OREGON

«Viaggiare mi ha insegnato molte cose sulla pazienza, sulla tolleranza e sulla fiducia in me stesso. Per ribaltare la canzone *New York, New York*, ho scoperto che se ce la puoi fare ovunque, puoi farcela anche lì (ovunque si trovi questo 'lì')».

JOHN BOCKSAY, 30 ANNI,
INSEGNANTE, NEW YORK

PROFILI

Ed Buryn

Il «pericolo» del vagabonding consiste nel lasciarsi aprire gli occhi, nello scoprire il mondo per quello che è.

Negli anni Settanta, quando gli eccessi della controcultura minacciavano di degradare le estatiche visioni da strada di Jack Kerouac e di trasformarle in una caricatura, le guide di viaggio anticonformiste di Ed Buryn riscattarono il viaggio indipendente agli occhi dei «vagabondi» tradizionali. Mescolando illuminazioni con consigli terra terra, *Vagabonding in Europe and North Africa* e *Vagabonding in the Usa* di Ed Buryn stimolarono tutta una generazione di viaggiatori a ignorare i cliché della moda e a cercare le semplici gioie dell'esperienza diretta sulla strada.

Cresciuto nel New Jersey e in Florida da genitori immigrati dalla Polonia, nel corso della sua vita Buryn ha fatto il marinaio, il fotografo professionista, l'editore, lo scrittore, il redattore, il progettista e il poeta. Attualmente vive a Nevada City, in California.

In *Vagabonding in Europe and North Africa* Buryn ha sottolineato che i viaggi di lunga durata non sono patrimonio esclusivo di ribelli e dei mistici, ma sono per chiunque voglia conoscere le trame complesse della realtà: «Nel profondo nutriamo un desiderio per tutto ciò che è eccitante, un gusto per l'eccentrico, una predisposizione per afferrare al volo la vita. Da ciò deriva l'impeto che ci fa reagire, senza il quale tutte le altre esigenze non significano nulla. Chi parte da solo non è un eroe, non è nemmeno necessariamente un anticonformista, ma – in modo più evidente della maggioranza della gente – pensa e agisce in maniera autonoma. Il vagabondo libera dentro di sé il bisogno latente di spingersi il più possibile agli estremi dell'esperienza».

9
Siate creativi

> Il viaggio è un atto creativo,
> che non solo consuma e alletta l'anima,
> ma nutre l'immaginazione
> ed è responsabile di ogni nuovo
> stupore, che esso memorizza
> per poi proseguire... E i paesaggi
> migliori, apparentemente densi
> o informi, riservano molte sorprese
> se sono studiati con pazienza,
> nel genere di disagio che si può
> assaporare in seguito.
>
> PAUL THEROUX,
> *To the Ends of the Earth*

In innumerevoli film d'azione, lo scopo principale dei protagonisti è rubare una somma strabiliante di denaro (il classico milione di dollari) per poi fuggire in qualche paradiso tropicale in un angolo tranquillo del mondo. Raggiungere con successo questo Shangri-la, con il bottino in mano, è il lieto fine e il grande schermo dedica poco tempo a quello che accade dopo. Implicita qui è l'idea che un mucchio di soldi e un rifugio ai tropici costituiscano gli ingredienti perfetti per la felicità e che non esista niente di meglio che starsene in panciolle tutto il giorno sorseggiando un cocktail finché non sopraggiunge la morte.

Come spesso accade nel cinema, questo scenario è

ovviamente un cliché di evasione e non occorre rapinare una banca per raggiungerlo. Prendete piuttosto una somma modesta e non rubata – diciamo cinquemila dollari – per andare su una spiaggia tranquilla e poco costosa in Guatemala, in Grecia o a Goa e poi vedete che cosa succede. Molto probabilmente, tutto l'entusiasmo che provate standovene al sole unti di crema solare evaporerà ancor prima dei vostri soldi – e non perché queste spiagge tropicali siano noiose (tutt'altro: sono tra i posti più belli e incantevoli del mondo), ma perché ciò che la maggior parte della gente chiama «paradiso» è definito in opposizione allo stress di casa. Eliminate lo stress per un paio di mesi e sarà difficile cavare qualche passione o piacere dall'ozio su una spiaggia.

Pochi «vagabondi» limitano i loro viaggi a una spiaggia, naturalmente, ma il punto è che non potete trovare la formula per il viaggio perfetto quando siete ancora a casa. Ciò che, mentre progettate i vostri viaggi, sembra ancora un paradiso – che si tratti di spiagge bianche, di meraviglie archeologiche o mercati di tessuti

> L'ampiezza dello scopo elude la mia mano, non c'è finalità di visione.
> ... domani un nuovo percorso è un nuovo percorso.
>
> A.R. Ammons, *Corsons Inlet*

esotici – alla fine vi sembrerà normale dopo qualche settimana o qualche mese. Inoltre, mentre state per raggiungere questi posti, vi accadranno tante cose nuove che vi faranno probabilmente giudicare superate le ragioni iniziali del viaggio. Man mano che le nuove esperienze vi porteranno in direzioni sorprendenti, capirete perché i viaggiatori di lungo corso insistono nel dire che il viaggio in sé è più importante di qualsiasi destinazione.

Infatti, a volte vi sentirete sopraffatti dalla pura e

semplice abbondanza di alternative. Per esempio, uno dei momenti più difficili del mio primo viaggio in Asia non è stato causato da un trauma fisico o emotivo, ma dalla lettura degli annunci che nel *Bangkok Post* pubblicizzavano viaggi a prezzi scontati. Infatti, tutte le aree principali dell'emisfero orientale erano raggiungibili dalla Thailandia per meno di quattrocento dollari. Nel giro di due giorni – e senza grandi spese – mi sarei potuto trovare a Parigi, Beirut, Melbourne, Tokyo, Città del Capo o Bali, per imbarcarmi in una nuova sorprendente avventura, completamente diversa da quella che avevo iniziato in Thailandia. Dopo essermi registrato al mio ostello di Khao San Road, quella notte non riuscii quasi a dormire. Avevo fatto la scelta giusta venendo nell'Asia Sudorientale? Dopotutto non avevo sempre desiderato vedere l'Australia? E se in Africa l'avventura fosse stata più intensa? E l'Europa non prometteva forse più romanticismo?

Col senno di poi mi rendo conto che la mia fatica non era il risultato dell'indecisione, e che il mio dilemma nasceva dall'impossibilità di essere in tutti quei posti contemporaneamente. Sapendo che in quel momento tante destinazioni erano accessibili a poco prezzo, temetti improvvisamente di non avere più occasione di andarci. Cominciavo a capire che il viaggio era una metafora non soltanto delle innumerevoli opzioni offerte dalla vita, ma anche del fatto che sceglierne *una* vi costringe ai parametri di quella scelta. Perciò, conoscendo le mie possibilità, conoscevo anche i miei limiti. Alla fine smisi di considerare ogni viaggio come la mia ultima apocalittica opportunità di vedere il mondo e cominciai ad apprezzarlo alle sue segrete condizioni. Imparando a concentrare le mie energie su ciò che avevo immediatamente attorno, alla fine dilatai a trenta intensi mesi quello che pensavo sarebbe stato il soggiorno di un anno in Asia.

Ancora non sono stato in Australia e in gran parte dell'Africa, potrei aggiungere, ma le mie esplorazioni in Asia mi hanno dato la pazienza e la fiducia di sapere che a tempo debito vedrò anche quei posti.

In questo modo il vagabonding non è tanto un'azione di fuga quanto una sorta di assenza paziente di scopi, molto simile a ciò che gli aborigeni australiani chiamano «walkabout». Durante il rituale del «walkabout» gli aborigeni abbandonano il loro lavoro per un certo tempo e ritornano nell'entroterra allo stile di vita indigeno. Il «walkabout» agisce come una sorta di rimedio, quando gli obblighi e gli impegni della vita fanno perdere di vista l'«io» più vero. Per correggere questo stato di cose, basta lasciarsi alle spalle tutto ciò che si possiede – tranne ciò che è essenziale alla sopravvivenza – e mettersi a camminare. L'elemento più intrigante del «walkabout» è il fatto che non ha una meta concreta: si va avanti finché non si ritrova la propria identità.

> Gli uomini potenti non sono necessariamente i viaggiatori migliori, ma sono piuttosto coloro che provano più interesse per il loro lavoro che hanno più successo. Come dice il cacciatore: «È il naso che dà velocità al segugio».
>
> FRANCIS GALTON, *L'ARTE DI VIAGGIARE*

Riferendomi al misticismo degli aborigeni non sto insinuando che lo scopo del vagabonding sia ritrovare la propria identità, perché tutto sommato questo implicherebbe una chiusura, mentre il vagabonding è un processo continuo di scoperta di nuove realtà. Tuttavia potrete scoprire e recuperare *parti* di voi – parti psicologiche ed emotive di cui non sospettavate l'esistenza – mentre viaggiate per il mondo. E, così facendo, *vi lascerete alle spalle* anche alcuni aspetti della vostra persona: abitudini, pregiudizi e persino pezzi di cuore.

Per raggiungere il giusto equilibrio tra perdersi e trovarsi occorre naturalmente molta creatività.

La creatività è particolarmente importante quando si è in viaggio da molto tempo, perché inevitabilmente si tende a cadere nella routine. Certe attività – dormire, mangiare, leggere, socializzare, muoversi – diventeranno un'istituzione quotidiana, il che è un bene e un male, perché le abitudini danno efficienza alla giornata, dopotutto, ma state attenti che le giornate non diventino un tutt'uno indistinto. Se ciò accade – se cioè a lungo andare cominciate a stancarvi – significa che è ora di cambiare un po' il vostro modo di viaggiare.

La scelta di come farlo dipenderà da come avete già viaggiato. Se per esempio avete visitato soprattutto le città, è forse ora di andare in campagna. Se invece avete trascorso più tempo nell'entroterra, provate ad «assaggiare» la vita di città. Se avete viaggiato da soli, cercatevi nuovi compagni. Se invece avete viaggiato con un partner, dividetevi per un po'. Se non avete svolto molte attività ricreative, noleggiate un kayak, seguite un corso di immersioni o di alpinismo su roccia. Se non avete mai smesso di far cose, forse è ora di andarsene a zonzo senza uno scopo particolare.

Qualche volta non è una cattiva idea prendersi una pausa dal budget ristretto che ci si è imposti e concedersi una buona cena o una notte in un albergo di lusso, tanto per vedere come viaggiano gli altri. Altre volte aggregarsi a un gruppo di turisti può essere un cambiamento di ritmo interessante (e magari divertente)

> Ascolta: siamo qui sulla Terra per perder tempo. Non permettere a nessuno di dirti che non è così!
>
> KURT VONNEGUT, *CRONOSISMA*

rispetto al viaggio solitario. Di tanto in tanto, quando vi sembra di aver esagerato con il colore locale, potete anche riassaporare l'atmosfera di casa vostra. A Bombay, uno dei miei piaceri colpevoli, per esempio, è stato vedere il film *Charlie's Angels* sul grande schermo dopo aver mangiato in un fast food in stile americano. E il giorno dopo mi sono quasi altrettanto divertito vedendo un musical di Bollywood, della durata di quattro ore, cercando di decifrarne la trama in hindi.

Un metodo a prova di bomba per impedire che il viaggio diventi troppo prevedibile è, ogni tanto, improvvisare con i mezzi di trasporto. In Laos ho comprato una barca da pesca insieme ad altri viaggiatori e con questa siamo scesi lungo il Mekong, per tre settimane piene di adrenalina. In Birmania ho comprato una bicicletta cinese e ho pedalato verso sud per dieci giorni prima di barattarla con un pugno di perle. In Lituania ho alzato il pollice lungo il ciglio delle strade di Vilnius e tre giorni dopo mi sono ritrovato quattro paesi più in là, in Ungheria. In Israele ho fatto a meno dei mezzi di trasporto e ho attraversato a piedi la Galilea, come Gesù. Tutte esperienze indimenticabili, che non mi sono costate quasi niente. Intendo sperimentare altre forme di trasporto individuale, per esempio comprerò un'auto usata in Australia, un cavallo usato in Argentina, un cammello usato in Marocco e una motocicletta Enfield nuova di fabbrica in India.

Ovunque andiate e in qualunque modo viaggiate, ovviamente vivrete il posto in maniera diversa se ci restate due giorni, due mesi o due anni. Molti luoghi li vedrete per forza soltanto qualche giorno, ma il fatto che state viaggiando non significa che dovete essere continuamente in movimento. «Che cosa ne pensi dunque di vedere il mondo? – ironizza Peleg nel *Moby Dick* di Herman Melville –. Forse non lo vedi già da dove sei?» Tenendo questo a mente, è consigliabile, durante i vostri viaggi, fermarvi per qualche settimana o qualche mese in un posto che vi attrae e tentare di conoscerlo meglio.

La scelta del luogo dipende completamente dal vostro umore. Magari vi tratterrete più a lungo in un posto che avete sempre sognato di conoscere; magari finirete in un posto (o con una persona) di cui vi innamorerete; o magari seguirete semplicemente il vostro istinto. In due anni e mezzo di viaggio in Oriente, mi sono fermato più di tre settimane a Bangkok, a Riga, al Cairo e a Pushkar. I motivi per i quali restavo in ciascuna di queste località non erano sempre ben ponderati – a Pushkar, per esempio, avevo bisogno di riposo e dovevo guarire da una malattia allo stomaco – però ogni esperienza acquisiva un senso mentre la stavo vivendo. «Quando siete in cammino, vivete un processo organico misterioso – ha osservato Joseph Campbell –. È come la crescita di un albero, che non sa dove crescerà l'istante successivo. Un ramo può crescere in questa direzione e poi in quell'altra, ma quando ci si volta indietro a guardare, si vede che è stato uno sviluppo organico». Così vi renderete spesso conto che la vostra decisione di fermarvi da qualche parte è semplicemente la fioritura delle vostre continue esplorazioni.

Quando avrete trovato un luogo speciale che per qualche settimana o qualche mese sarà casa vostra, vi si apriranno infinite opportunità, e non occorre avere un progetto da realizzare. «Ci sono ragioni più profonde per mettersi in viaggio: pruriti e pizzicori al ventre

> La gente dice che bisogna viaggiare per vedere il mondo. A volte penso che se resti in un posto e tieni gli occhi aperti, vedrai più o meno tutto quello che puoi incontrare.
>
> PAUL AUSTER, SMOKE

molle dell'inconscio – ha scritto Jeff Greenwald in *Shopping for Buddhas* –. Andiamo dove dobbiamo andare e poi cerchiamo di capire che cosa ci facciamo là». All'inizio potreste fermarvi in un posto solo per spezzare il ritmo, cincischiare e riposarvi per i viaggi successivi. Se avete voglia di mettervi alla pari con delle letture arretrate non esitate a coricarvi su un'amaca e a passare in rassegna una pila di libri. Se avete qualche hobby – cucinare, dipingere, la musica o la meditazione – sfruttate questo tempo per approfondire questi interessi in un nuovo contesto esotico.

Se invece vi sentite più socievoli, potete decidere di vagare per la vostra nuova città adottiva e cercare di capire come è fatta: l'architettura, la cucina, l'agricoltura – e vi capiterà che vi chiedano di dare una mano in tutte queste attività. Così facendo, potete stringere amicizie aggregandovi ad attività pubbliche ricreative, come partite di pallone, di backgammon o cocktail pomeridiani. Magari, osservando i ritmi tradizionali della giornata, imparerete cose inaspettate sugli usi, sulle religioni o sui valori locali. Se questo tipo di curiosità senza scopo non fa per voi, ci sono comunque tanti modi più strutturati di vivere un luogo. In molti posti, per esempio, si tengono lezioni su discipline locali (il massaggio thailandese, la cucina italiana, lo yoga indiano, il tango argentino) e ovunque le lezioni di lingua sono un modo meraviglioso di immergersi in quelle culture.

Il lavoro è un altro mezzo per approfondire la percezione dei luoghi in cui viaggiate. Di rado troverete lavoretti che vi renderanno un sacco di quattrini, ma dovreste comunque essere in grado di coprire le spese e intanto incontrerete persone interessanti e vivrete esperienze uniche. Molte sono le alternative

> Se volete veramente conoscere un paese, andateci a lavorare.
>
> CHARLES KURALT, *A Life on the Road*

legate all'industria del turismo e dei lavori manuali. Il lavoro in fattoria, per esempio, è una forma di impiego comune in Nuova Zelanda, così come la raccolta della frutta è una possibilità in Francia. Il lavoro nei kibbutz è un'opzione storicamente consolidata in Israele. Ottenere un impiego in un ostello o in un luogo di soggiorno è spesso un'opportunità nelle zone del mondo molto frequentate dai turisti. Nessuno di questi lavori è particolarmente affascinante, com'è ovvio, ma ognuno di essi vi permetterà di guadagnare un po' di soldi mentre osservate il mondo da una prospettiva nuova. Distribuire volantini ai passanti distratti per fare pubblicità a un bar di Gerusalemme, per esempio, non mi ha fruttato molti soldi, ma mi ha insegnato un'umiltà che ha arricchito la mia idea della città.

Se per voi il fattore determinante non è il guadagno, il volontariato è un'altra maniera eccezionale e a buon mercato per conoscere un posto. Quando ho attraversato l'America del Nord, per esempio, nessuna attrazione turistica del Mississippi mi è rimasta impressa tanto quanto i giorni che ho passato a trascinare cemento in un cantiere alla periferia di Canton. Potrete dedicare parte del vostro lavoro di volontariato a situazioni in cui incapperete casualmente; potrete, per esempio, impiegare le vostre conoscenze di falegnameria, di lingua inglese o di medicina quando troverete delle comunità che ne hanno bisogno. Altri lavori volontari – dalla costruzione di sistemi di irrigazione nel Salvador all'insegnamento dell'informatica in Tibet – si possono trovare solo seguendo strade più tradizionali, come le agenzie di stato, i gruppi religiosi e le organizzazioni di aiuto non governative. In qualsiasi modo vogliate rendervi utili, cercate però di essere onesti con voi stessi e fatelo solo per vocazione personale e non per un vago senso di obbligo o per una vaga coscienza politica. Il volontariato è, in fin dei conti, un affare serio, e se le vostre motivazioni non sono sincere farete più danni che altro.

Abbiate pazienza nel cercare il lavoro adatto a voi e siate umili mentre lo svolgete. In molti casi, chi fa volontariato finisce per imparare almeno tanto quanto insegna. Ecco perché è un'attività utile non soltanto da un punto di vista sociale, ma anche da un punto di vista personale, perché attenuerà il vostro idealismo con una buona dose di realtà. «È essenziale imparare a conoscere le differenze culturali e storiche tra i popoli – ha osservato lo scrittore di viaggi ed ex collaboratore dei Corpi di Pace Jeffrey Tayle –: sono fondamentali e spesso insormontabili, perché non bisogna illudersi che siamo tutti uguali o che siamo destinati a essere membri di una sorta di famiglia globale». Anzi, ammettere le differenze, evitando le soluzioni superficiali, non è solamente una valida lezione che ci dà il volontariato, ma è spesso il *primo passo* da compiere per risolvere i problemi.

> Inizialmente viaggiamo per perderci, poi viaggiamo per ritrovarci. Viaggiamo per aprire il nostro cuore e i nostri occhi e conoscere del mondo più di quello che riesce a stare nei giornali. Viaggiamo per portare quel poco che possiamo – nella nostra conoscenza e ignoranza – a quelle parti del globo le cui ricchezze sono diversamente distribuite. E, in sostanza, viaggiamo per ritornare a essere dei giovani pazzi, per rallentare il tempo, farci ingannare e innamorarci di nuovo.
>
> Pico Iyer, *Why We Travel*

Comunque scegliate di arricchire la vostra esperienza di un luogo – costruendo un centro ricreativo, raccogliendo l'uva o giocando a scacchi in un caffè – provate sempre cose nuove e continuerete a imparare. In questo modo constaterete che non state soltanto esplorando nuovi luoghi, ma anche vivendo una esperienza molto più ricca e complessa di quanto vi sareste immaginati prima di partire.

VOCI

«Ho sempre pensato che per capire e crescere veramente avrei dovuto vivere e lavorare in un posto a lungo. Lo credo ancora, ma mi sono accorta che basta fermarsi in un luogo per un po' di mesi, studiarne la lingua e cercare di conoscere la gente per ottenere comunque lo stesso risultato».

BARBARA AKEY-LEONARD, 33 ANNI,
INSEGNANTE, ARIZONA

«Un vero viaggiatore sa quando rilanciare e quando chiudere una mano. Quando si fanno cose monotone, è ora di muoversi o di prendersi una pausa. È uno dei grandi vantaggi del backpacking... ogni volta che sorge il sole hai la libertà di fare lo zaino e proseguire il viaggio».

ADAM LEE, 32 ANNI,
INSEGNANTE, MINNESOTA

«Viaggiare ti apre gli occhi sul fatto che si può davvero ottenere tutto, da una vita molto facile (una specie di continua vacanza su un'isola) a una vita completamente selvaggia e stravagante. Nei miei viaggi ho incontrato persone con esperienze diverse, gente che ha vissuto per molti anni su una spiaggia a Bali o in Thailandia o in Grecia o che ha insegnato in Turchia o in America del Sud eccetera. Man mano che si viaggia, si incontrano sempre più viaggiatori, il che significa che ti si presentano sempre maggiori opportunità. Il risultato è che in mente mi ronzano sempre un centinaio di diverse possibilità e sento sempre meno la responsabilità o l'obbligo di tornare al tran tran di tutti i giorni e a un lavoro regolare».

LAVINIA SPALDING, 32 ANNI,
INSEGNANTE, ARIZONA

«Nel viaggio ci può essere tutta la varietà che si vuole: montagne, villaggi e spiagge e un sacco di cose da imparare, da vivere e da vedere. Se pensate che i vostri viaggi stiano diventando monotoni perché siete stufi della strada, trovate un posto che vi piace e rimaneteci un po' per recuperare le forze. Se non funziona, fate i bagagli, tornate a casa e riprendete le vostre abitudini. Dopo aver lottato con il traffico per andare a sedervi tra quattro mura cinque giorni alla settimana, una settimana dopo l'altra, saprete che cos'è la monotonia. Scommetto che in un batter d'occhio starete già programmando il prossimo viaggio».

SHIRLEY BADOR, 46 ANNI,
AGENTE DI VIAGGIO, GEORGIA

PROFILI

I vagabondi della Pax Islamica

Ho davvero soddisfatto – sia lode a Dio – il mio desiderio di viaggiare per il mondo.

                                        Ibn Battuta (1304-1368)

Sebbene si possa essere tentati di considerare il vagabonding soltanto come un passatempo dell'Occidente industrializzato, il viaggio di lunga durata è stato per secoli un'arte orientale. Infatti, alcuni dei resoconti di viaggio più vividi risalgono al periodo compreso fra il decimo e il quindicesimo secolo, quando la sicurezza dei viaggi era garantita dall'esistenza di un impero islamico che si estendeva dalle colonne d'Ercole sull'Atlantico fino all'arcipelago malese nell'Asia Sudorientale.

Ibn Battuta è il più famoso di questi viaggiatori arabi (vedi il capitolo 6), ma altri hanno raggiunto gli angoli più remoti del mondo islamico, come Ibn Jubayr dalla Spagna e Al-Muqaddasi da Gerusalemme, raccogliendo esperienze di vita lungo il cammino e guadagnandosi da vivere come insegnanti, avvocati, venditori ambulanti, rilegatori, fabbricanti di carta, mercanti, messaggeri. Non tutti questi viandanti erano musulmani: uno dei viaggiatori più dinamici durante il periodo della Pax Islamica fu Benjamin di Tudela, un rabbino spagnolo che nel dodicesimo secolo si spinse fino al confine occidentale della Cina.

In *I campi d'oro* il geografo musulmano del decimo secolo al-Masudi descrisse la sete di esperienze diverse che mosse i viandanti di questa epoca: «Chi resta a casa accanto al suo focolare e si accontenta delle informazioni che riesce a ottenere sulla sua regione non può essere allo stesso livello di chi divide il tempo della sua vita tra diverse terre e trascorre i suoi giorni viaggiando in cerca di conoscenze preziose e originali».

10

Fate crescere il vostro spirito

> Si dice che quello che tutti cerchiamo
> è il senso della vita. Io non penso
> che sia così. Secondo me cerchiamo
> l'esperienza dell'essere vivi.
> JOSEPH CAMPBELL, *Il potere del mito*

C'è un'altra storia che ci arriva dagli antichi Padri del deserto in Egitto. Nel racconto, un monaco di nome Giovanni il Nano decide un giorno che vivere nel monastero comporta un lavoro fisico troppo duro, poco in sintonia con i suoi ideali spirituali. «Vorrei essere libero da ogni preoccupazione pratica – dice all'abate –, come gli angeli che non lavorano ma sono in perpetua comunione con Dio». Dopodiché prende la sua tonaca e un po' di cibo e se ne va nel deserto. Circa una settimana dopo, nel bel mezzo della notte, l'abate sente qualcuno che bussa piano al portone del monastero. «Chi è?» chiede. «Sono io, il vostro fratello Giovanni il Nano» risponde l'altro timidamente. «Forse vi sbagliate – replica l'abate contrariato, senza aprire il portone – perché Giovanni il Nano è diventato un angelo e non vive più tra gli uomini». Il mattino seguente l'abate apre il portone del monastero e trova Giovanni il Nano che, disperato, siede raggomitolato sull'uscio. «A quanto pare siete un uomo, dopotutto – dice l'arguto abate – e vi tocca tornare a lavorare per vivere».

Nel suo tentativo di trovare una rivelazione allontanandosi inopinatamente dalla realtà, Giovanni il Nano non fu né il primo né l'ultimo a rendersi ridicolo. In effetti, ai giorni nostri i viaggiatori godono di una cattiva reputazione per le loro stramberie spirituali, poiché molti tendono a confondere il semplice esotismo con la rivelazione mistica. Quelli che cercano il « guru del mese » in India e le vittime della « sindrome di Gerusalemme » in Terra Santa sono solo alcuni degli stereotipi più evidenti in una lunga tradizione di tronfio « misticismo » da viaggio.

Fortunatamente per vivere l'aspetto spirituale del viaggio non occorre che indossiate una toga e diventiate pazzi. Ciò che conosciamo come viaggio individuale è, in fin dei conti, il retaggio non delle esplorazioni e dei commerci, bensì dei *pellegrinaggi*, intesi come la ricerca apolitica e immateriale di una crescita e di una scoperta personale. Infatti, indipendentemente dal fatto che riteniate o no spirituale la vostra esperienza di vagabonding, il viaggio per motivi personali è da sempre legato a esigenze.

In ogni caso, l'arricchimento spirituale risulterà dalla vostra scelta di ridimensionare il peso del mondo materiale e di mettervi in viaggio per un lungo periodo di tempo. Il viaggio, dopo tutto, è una forma di ascetismo che – per citare Kathleen Norris – consiste « nell'arrendersi alle rinunce in una maniera che migliora tutta la persona. È un modo radicale di sapere esattamente chi, che cosa e dove siamo, sfidando quelle potenti forze sociali che mirano a farcelo dimenticare ».

> Il mondo è più selvaggio in tutte le direzioni, più pericoloso e amaro, più stravagante e brillante. Facciamo il fieno quando dovremmo fare salti di gioia, tiriamo su pomodori quando dovremmo tirar su Caino e Lazzaro.
>
> ANNIE DILLARD,
> *PILGRIM AT TINKER CREEK*

Perciò viaggiare vi costringe a scoprire il vostro lato spirituale attraverso un processo di eliminazione: senza i rituali, le abitudini e i beni materiali che, a casa vostra, danno un senso alla vostra vita, siete costretti a cercarne il significato dentro di voi. E proprio come Giovanni il Nano doveva «lavorare per vivere», questo processo spirituale non è sempre esente da preoccupazioni. Infatti, il viaggio è un processo che vi permette di «ritrovarvi», perché vi lascia senza qualcosa dietro a cui nascondervi, vi tira fuori dal regno delle reazioni automatiche e delle ottuse comodità, costringendovi a vivere il presente. Qui, nell'attimo fuggente, non vi resta che improvvisare e confrontarvi con il vostro «io» più nudo e più vero.

Per quanto questo sembri un processo pratico, in realtà è fedele alle tradizioni spirituali che si sono consolidate nel tempo. In fin dei conti Gesù ha insegnato che non ha senso aspettarsi la rivelazione da regni ultraterreni, perché «il regno di Dio è dentro di voi». L'illuminazione espressa dal Buddha non è una tempesta mistica di fuoco, bensì la scomposizione della personalità condizionata. L'Ecclesiaste della tradizione ebraica sostiene che «un cane vivo sta meglio di un leone morto» perché Dio predilige ciò che viene fatto *adesso*. Nell'Islam si dice che il sacro non è mai separato dal profano e che anche il mondo ha delle lezioni spirituali da insegnare.

Ovviamente, quando apprenderete le lezioni spirituali del viaggio, scoprirete forse che non sempre è possibile condividere o esprimere ciò che state vivendo. Le tradizioni religiose ci hanno fornito parole e metafore per descrivere il regno del sublime, ma le parole sono simboli e i simboli non suonano allo stesso modo per tutti. Molta gente, per esempio, ha interpretato *Sulla strada* di Jack Kerouac come un'esaltazione della velocità e della libertà, mentre per Kerouac era un diario spirituale. «In realtà si trattava della storia di due amici cattolici che girovagavano per il paese alla ricerca di Dio – ha scritto nel 1961 in una lettera a Carroll Brown –. E l'abbiamo trovato. Io

> Non è il discorso che dovremmo voler conoscere, ma è chi lo fa.
> Non sono le cose che si vedono che dovremmo voler conoscere, ma chi le vede.
> Non sono i suoni che dovremmo voler conoscere, ma chi li sente.
> Non è la mente che dovremmo voler conoscere, ma chi pensa.
>
> Dalla *Kaushitaki Upanishad*

l'ho trovato nel cielo, nella Market Street di San Francisco, mentre Dean lo aspettò con ansia per tutto il viaggio». Può darsi che i tradizionalisti cattolici mettano in dubbio il modo in cui Kerouac descrive il divino, è vero, ma questa discrepanza è più questione di semantica che di sensibilità religiosa.

Talvolta è meglio affrontare la spiritualità senza un lessico preciso e senza formule prestabilite. Troppo spesso, quando viaggia, la gente cerca il lato spirituale della vita con la stessa determinazione con cui si iscriverebbe a una palestra: vuole dei risultati e li vuole subito. Così si vendono i campi di yoga in India, i ritiri di meditazione in Thailandia e le escursioni evangeliche in Galilea ai turisti in cerca di una gratificazione immediata. In realtà, rivelazioni della stessa intensità si possono avere perdendosi nelle viuzze di Varanasi, soffrendo di diarrea sul minibus che da Bangkok va a Surat Thani o giocando con i bambini nella piazza centrale di Nazareth. Inoltre la spiritualità è un processo continuo che si fa più profondo con il passare delle stagioni, mentre chi viaggia con la speranza di «venire accecato dalla luce» è spesso cieco alla luce che già lo circonda.

A un certo livello, dunque, l'esperienza della spiritualità richiede lo stesso grado di apertura mentale e di

> Tutto, anche l'inaudito, deve sembrarci possibile. È in fondo questo l'unico coraggio che ci viene richiesto: avere coraggio di fronte a quanto di più strano, più singolare e più inesplicabile possiamo incontrare.
>
> RAINER MARIA RILKE,
> *LETTERE A UN GIOVANE POETA*

realismo necessari al vagabonding in generale, specialmente nelle situazioni di contrasto culturale, che non si incontrano soltanto a Lhasa e a Rishikesh, ma anche ai confini col Vicino Oriente, a Gerusalemme o sul monte Athos. «Non c'è Dio al di fuori della Realtà» dice un proverbio attribuito a una mitica setta sufi e, per quanto blasfemo possa sembrare, non è la dichiarazione di un miscredente, ma piuttosto un monito a non trasformare l'ispirazione in un feticcio e la tradizione in un dogma. È un avvertimento a non ridurre il regno dello spirito nei confini ristretti dell'apparenza, dei pregiudizi e degli idealismi.

In effetti, quando avrete viaggiato abbastanza, vi accorgerete che le vostre rivelazioni spirituali hanno sempre un fondamento nella vita quotidiana. Un piccolo grande schizzo di che cosa sia una scoperta spirituale ce lo offre Joshua Geisler, un musicista americano che ho conosciuto in India. Benché vi si fosse recato perché attratto dalla tradizione mistica e musicale del paese, all'inizio era stato proprio il suo idealismo a impedirgli di migliorare come musicista. Prendeva lezioni da un maestro di flauto indiano e lo interrogava di continuo sull'aspetto mistico della musica, mentre l'insegnante – come mi ha raccontato Joshua in un'e-mail – continuava a riportare la lezione sui problemi tecnici.

Alla fine Josh comprese che il pragmatismo del maestro – la sua fiducia nella tecnica – era proprio ciò che avrebbe migliorato la sua capacità di esprimersi spiritualmente durante l'esecuzione musicale.

Infine, scoprire il sacro nel corso di un viaggio non è il frutto di una ricerca astratta, bensì un modo di percepire la realtà, un'onesta consapevolezza che non richiede né certezze né dubbi assoluti ciechi.

E, molto spesso, le esperienze di viaggio più singolari deriveranno dal *non aver trovato* quello che speravate di trovare. In *Il leopardo delle nevi* – che molti ritengono il miglior libro di viaggio del secolo scorso – per ironia della sorte Peter Matthiessen non vede mai nemmeno un leopardo delle nevi durante la sua avventura sull'Himalaya. In compenso Matthiessen ci mostra l'essenza elementare del suo viaggio: «I miracoli quotidiani, il mormorio dei miei amici la sera, i fuochi argillosi prodotti dai ginepri imbrattati, il cibo grezzo e insipido, le ristrettezze e la semplicità, la soddisfazione di fare una cosa per volta: quando prendo in mano la mia tazzina azzurra di latta, faccio solo quello».

> Chiunque tu sia, il movimento e la riflessione in modo speciale sono per te,
> Per te il divino vascello fende il mare divino.
> Chiunque tu sia! tu sei colui o colei per cui la terra è solida e liquida,
> Tu sei colui o colei per cui il sole e la luna pendon nel mezzo del cielo,
> Perché nessuno più di te è il presente e il passato,
> Perché nessuno più di te è l'immortalità.
>
> WALT WHITMAN,
> UN CANTO DELLA TERRA CHE RUOTA

Prima di iniziare i vostri viaggi forse non coglierete il significato spirituale di certi dettagli apparentemente banali, perché, dopo tutto, un viaggio è un diversivo temporaneo e sembrerà che non vi sia una grande soddisfazione nei «miracoli quotidiani» che vi promette. Almeno finché non vi accorgerete che anche la vita è una specie di viaggio.

INDICAZIONI E PROPOSTE

VIAGGI DELLO SPIRITO

Foglie d'erba, di Walt Whitman
Sono le odi estatiche ed ugualitarie dedicate alla gioia di essere vivi scritte dal poeta americano. È una lettura decisamente consigliata. Esistono varie edizioni italiane, pubblicate da Einaudi, Rizzoli, Marsilio o Mondadori.

Il leopardo delle nevi, di Peter Matthiessen
È il racconto del viaggio che Matthiessen fece nel 1973 sull'Himalaya ed è un classico della letteratura di viaggio, con un certo sapore zen. Pubblicato in passato da Mondadori e Frassinelli, è ora disponibile con il titolo *La tigre delle nevi* da Piemme.

TESTI SACRI

Oltre alla Bibbia, ricordiamo:
- Il **Dhammapada**, la sutra essenziale della tradizione buddhista, l'equivalente del «Discorso sulla montagna» della tradizione cristiana.
- Il **Corano**
- Il **Tao Te Ching**, le classiche meditazioni di Lao Tzu.
- Le **Upanishad**, i versi semplici ma potenti dell'antica tradizione mistica dell'induismo.

VOCI

«Il viaggio, l'istruzione, la spiritualità e l'evoluzione sociale per me sono un tutt'uno. Se in America spendessimo per i viaggi la metà di quello che spendiamo in beni materiali, il mondo sarebbe diverso. Abbiamo soffocato la nostra curiosità considerandola uno spreco di tempo, e il tempo è denaro. Il viaggio è per sua natura spirituale, perché è fatto di crescita personale, di consapevolezza e sensibilità».

MICHELLE SHEPARD, 33 ANNI, SCRITTRICE, MISSOURI

«L'aspetto più gratificante dei viaggi a lungo termine è scoprire quali sono i vostri valori fondamentali. Scoprite in che cosa credete e che cosa motiva le vostre azioni. Il viaggio a lungo termine è una sfida, ma è anche il più grande divertimento che vi capiterà mai di vivere se siete pronti ad accettare questa scommessa».

JASON GASPERO, 31 ANNI, REDATTORE DI NEWSLETTER, HAWAII

«Mi sono reso conto che il viaggio è la metafora migliore della vita spirituale... Negli anni mi sono costretto a restituire qualcosa alla gente dei paesi in cui viaggio e da cui ricevo tanto in termini di conoscenze ed esperienze. Dopo aver calcolato in modo approssimativo il budget di un certo viaggio, ne metto da parte il dieci per cento, una «decima di viaggio», per così dire. Durante quel viaggio, distribuisco quel denaro se incontro individui o famiglie che hanno necessità particolari oppure lo do a gruppi o organizzazioni religiose che ritengo meritevoli. Sono cristiano e credo comunque di essere soltanto 'un pellegrino e un viaggiatore su questa Terra'».

ADAM LEE, 32 ANNI, INSEGNANTE, MINNESOTA

PROFILI

Annie Dillard

Bellezza e grazia si manifestano, che noi ce ne accorgiamo o no. Il minimo che possiamo fare è cercare di esserci.

Definendosi «una viandante con un retroterra teologico e un interesse per i fatti bizzarri», Annie Dillard esamina l'ambito spirituale attraverso la lente della natura.

Nata come Annie Doak a Pittsburgh nel 1945, la Dillard ebbe un'infanzia alla Salinger: studiava la propria urina al miscropio e leggeva *Sulla strada* incoraggiata dal padre, che a sua volta aveva lasciato il lavoro per viaggiare lungo il fiume Mississippi. Dopo aver sofferto di una polmonite quasi mortale a venticinque anni, Annie Dillard decise di vivere più intensamente, così trascorse quattro stagioni da sola nelle foreste della Virginia. Il libro in cui raccontò quest'esperienza, *Pilgrim at Tinker Creek*, fonde la spiritualità cristiana con osservazioni eccentriche sul mondo naturale, e vinse il premio Pulitzer.

Nei suoi scritti la Dillard sottolinea che la curiosità per il mondo è il punto di partenza di ogni scoperta spirituale, e viceversa: «Ciò che sappiamo – almeno da principianti – è che siamo qui: un fatto incontrovertibile. Questa è la nostra vita, queste sono le nostre stagioni di luce e un giorno moriremo. Nel frattempo, tra le pieghe del tempo, possiamo vedere. Ci cadono le squame dagli occhi, eliminiamo le cataratte e incominciamo a interpretare le chiazze di colore che vediamo sforzandoci di scoprire dove innegabilmente siamo. È questione di buonsenso: quando si trasloca, si cerca di conoscere il nuovo quartiere».

Parte quinta

TORNARE A CASA

11

Fate tesoro del viaggio

> Intorno al mondo! In queste parole
> c'è abbastanza da ispirare sentimenti
> d'orgoglio: ma dove porta tutto questo
> circumnavigare? Solo attraverso
> innumerevoli pericoli giungiamo
> al punto da cui siamo partiti,
> dove quelli che abbiamo lasciato
> al sicuro dietro di noi sono rimasti
> tutto il tempo davanti a noi.
> HERMAN MELVILLE, *Moby Dick*

Di tutte le avventure e gli ostacoli che ci aspettano lungo la strada, il più difficile potrebbe essere il ritorno a casa.

Da un certo punto di vista, ritornare a casa sarà brutto perché rappresenta la fine del divertimento, della libertà e delle scoperte che hanno allietato il vostro viaggio ma, su un piano meno concreto, ritornare a casa dopo un'intensa esperienza all'estero vi sembrerà assolutamente *strano* e sconvolgente. A casa vostra, tutto avrà più o meno lo stesso aspetto di quando siete partiti, ma la *sensazione* sarà completamente diversa.

Cercando di interpretare questa esperienza del ritorno, c'è chi cita spesso questi versi da «Little Gidding» di T.S. Eliot:

E la fine di tutto il nostro esplorare
Sarà arrivare dove siamo partiti
E conoscere il luogo per la prima volta.

Per quanto poetiche siano le parole di Eliot, «conoscere» casa propria per la prima volta significa che vi sentirete straniero in un posto che dovrebbe esservi familiare.

Naturalmente all'inizio vi piacerà riscoprire tutte le piccole cose che vi sono mancate quando eravate in qualche paese lontano: le lunghe docce calde, i film appena usciti, le cene e gli aperitivi nei vostri locali preferiti. Ma dopo esservi crogiolati qualche giorno in questi piaceri comincerete a provare una strana nostalgia... per la strada.

I vostri vecchi amici non vi saranno assolutamente di aiuto. Per quanto la vostra esperienza di viaggio sia stata eccitante e vi abbia cambiato la vita, raramente gli amici saranno in grado di capirvi.

Una chiara descrizione di questa distanza lo dà il «vagabondo» americano Jason Gaspero in un'e-mail che mi ha scritto: «Una delle cose più difficili dei miei viaggi è stata quando ho cercato di descrivere le mie esperienze ai miei amici rimasti a casa. Quando ho raccontato della mia lite con un travestito giavanese, di quando ho nuotato con i barracuda o ho mangiato un cane in salsa piccante con riso, negli occhi avevano uno sguardo vitreo. Quando finivo di raccontare queste vicende, loro non avevano quasi nessuna reazione. 'Che bello' replicavano con scarso entusiasmo e poi passavano a dirmi quello che era successo al pub locale. Io pensavo, quando ero via, che mi stavo perdendo un sacco di cose, ma queste rimpatriate mi hanno fatto capire che ero cambiato».

Incontri come questo vi faranno comprendere perché, sin dall'inizio, il viaggio debba essere sempre un'iniziativa con motivazioni personali. Per quanto vi sforziate, non riuscirete mai a far pareggiare le soddisfazioni sociali con le scoperte private. Quando raccontate le vostre esperienze di viaggio, allora, ricordatevi di non dilungarvi e tenete le parti più belle per voi. Come ha scritto Walt Whitman: «Lo giuro, c'è qualcosa che è ancora meglio di raccontare il meglio: è tacerlo».

Inoltre, raccontare la storia non è tanto importante quanto *viverla*. La vostra esperienza di vagabonding non è una specie di strano castello di sabbia portato via dalle onde quando tornate a casa. Se il viaggio vero e proprio è nel viaggiare e non nella sua destinazione ed è un atteggiamento di consapevolezza e apertura davanti al nuovo, allora *ogni momento* può essere considerato di viaggio. «Gli obiettivi che solitamente sono le ragioni dei nostri viaggi vengono spesso ignorati e trascurati una volta che li abbiamo sotto gli occhi» ha scritto Plinio il Giovane quasi duemila anni fa. Tenendo ciò bene a mente, è importante ricordarsi che il vostro atteggiamento di vagabonding non è qualcosa che potete accendere o spegnere quando vi conviene, ma è invece un processo continuo e organico da applicare anche quando disfate le valigie e vi riadattate a casa vostra. Dopo tutto, non basta rimettersi in strada perché il viaggio torni a far parte della nostra vita, perciò il rimedio migliore, una volta tornati a casa, è di rendere il viaggio *parte costante* della vostra esistenza.

Un atto immediato di tale atteggiamento sarà collegare subito casa vostra con il resto del pianeta. I vostri viaggi, scoprirete, vi hanno risvegliati in altre parti del mondo e hanno risvegliato altre parti del mondo dentro di voi. Le esperienze e le osservazioni che, quando eravate sulla strada, sembravano non avere senso, acquisteranno un significato quando sarete di nuovo nella vostra comunità. Le notizie internazionali riguardanti le aree che avete visitato avranno per voi un'eco particolare e vi accorgerete di come i mass media diano solo una prospettiva parziale sugli altri luoghi e sulle altre culture. Continuando a leggere, imparare e pensare riguardo ai posti che avete visitato vi renderete conto che i vostri viaggi non terminano mai completamente. Anche quando sarete soli a casa, non vi sentirete più individui isolati ma parte di una comunità più vasta di persone e luoghi, vicini e lontani, presenti e futuri.

Per quanto riguarda le difficoltà pratiche del vostro «reinserimento» nella vita domestica – come trovare una nuova casa, un lavoro, riprendere le vostre abitudini – affrontatele come se fossero avventure nuove. Riscoprite il vostro lavoro e svolgetelo bene. Imitate i lati migliori della gente che era a casa sua quando l'avete incontrata durante i vostri viaggi. Individuate quello che avete appreso da loro – l'ospitalità, il divertimento, il rispetto, l'onestà – e fate vostri questi valori. Non permettete che i vizi che avete sconfitto in viaggio – la paura, l'egoismo, la vanità, il pregiudizio, l'invidia – rientrino di soppiatto nella vostra vita. Esplorate la vostra città come se fosse un paese straniero e interessatevi ai vostri vicini come se appartenessero a una tribù esotica. Siate realistici e continuate a imparare. Siate creativi e buttatevi nell'avventura. Ricominciate sempre a conquistarvi la libertà e non ponetevi limiti. Fate le cose con semplicità e fate crescere il vostro spirito. Ma, soprattutto, continuate a vivere la vostra vita in modo da lasciare ai vostri sogni lo spazio per respirare.

Perché non si sa mai quando sentirete nuovamente l'urgenza di rimettervi in viaggio.

Andiamo! La strada è per noi!
È sicura – io l'ho provata, i miei piedi l'hanno bene
provata – nulla più vi trattenga!
Il foglio resti bianco sul tavolo, il libro chiuso nello
scaffale!
Gli utensili restino nell'officina! I denari non vengano
guadagnati!
Lasciate le scuole! Non badate al grido del maestro!
Predichi il predicatore dal pulpito! Arringhi in corte
l'avvocato, il giudice esponga la legge.

Camerata, ecco qui la mia mano!
T'offro il mio amore prezioso più del denaro,
T'offro me stesso in luogo di prediche e leggi;
Tu ti darai a me? Viaggerai tu con me?
Ci resteremo fedeli, quanto dura la vita?

WALT WHITMAN, *Canto della strada*

RINGRAZIAMENTI

Questo libro è stato messo in moto da Joni Rendon – ampiamente assistito in ciò da Bill Jenkins –, che ne ha scoperto la prima rudimentale traccia sul mio sito web e non ha mai perso il suo entusiasmo a mano a mano che il progetto si sviluppava. Per i loro consigli, l'aiuto e l'ispirazione, presenti e passati, Steve Fuller, Sarah Jane Freymann, Lynda Ireland, Jeff Lebow, Jen Leo e Katie Zug mi sono stati tutti di grande aiuto, ognuno a modo suo. Mike Marlett merita un grazie tutto per sé per la sua assistenza da campione su Internet. Idem per Don George, che mi ha dato l'opportunità d'oro di dimostrare al *Salon* quanto valgo. Tutto il mio affetto va ad Alice Potts, per la sua pazienza, e a Kristin Vantassel per avermi insegnato a leggere, correggendo i miei lavori nel corso degli anni, e ridendo a ogni battuta che facevo. E, infine, un grazie di cuore a tutti coloro che ho incontrato nei miei viaggi – sia viaggiatori sia padroni di casa – per la loro generosità, l'amicizia e l'entusiasmo. Senza di voi il vagabonding non sarebbe stato la stessa cosa.

INDICE

Prefazione
Come usare questo libro 9

Introduzione
Come conquistare e influenzare voi stessi 11

Parte prima
VAGABONDING

1. Dichiarate la vostra indipendenza 17

Parte seconda
INCOMINCIARE

2. Guadagnatevi la libertà 25
   Voci 39
   Profili 40
3. Semplificate 41
   Voci 55
   Profili 56
4. Non smettete mai di imparare 57
   Voci 83
   Profili 84

Parte terza
SULLA STRADA

5. Non ponetevi limiti — 87
   Voci — 104
   Profili — 105

6. Incontrate i vostri vicini — 106
   Voci — 131
   Profili — 132

7. Lanciarsi nell'avventura — 133
   Voci — 144
   Profili — 145

Parte quarta
IL LUNGO VIAGGIO

8. Siate realisti — 149
   Voci — 162
   Profili — 163

9. Siate creativi — 164
   Voci — 174
   Profili — 175

10. Fate crescere il vostro spirito — 176
    Voci — 183
    Profili — 184

Parte quinta
TORNARE A CASA

11. Fate tesoro del viaggio — 187

Ringraziamenti — 193

Finito di stampare
nel mese di febbraio 2019
per conto della Adriano Salani Editore s.u.r.l.
da Rotolito S.p.A.
Seggiano di Pioltello (MI)
Printed in Italy